あの先生のライフスタイル 1

歯科界の旗手20人

砂盃 清
石井みどり
伊東隆利
大久保満男
桑田正博
小宮山彌太郎
近藤隆一
鈴木純二
住友雅人
宝田恭子
筒井照子
中原 泉
本田俊一
松尾 通
松村博史
村岡正弘
守口憲三
安田 登
山﨑長郎
若林健史

はじめに

ある日の『アポロニア21』の編集会議でのこと。「臨床、学術などで著名な先生は、日常生活でも魅力的な、あるいは他の人にとって学ぶべき習慣を持っているのではないか」という話が持ち上がりました。これが人気連載「あの先生のライフスタイル」が始まったきっかけです。連載当初は、「診療に関係のないことをお尋ねしてよいのだろうか」という戸惑いもありました。歯科医院経営の専門誌という『アポロニア21』の性格上、これまで執筆依頼やインタビューなどで関わったことがない方も多かったのです。しかし、いざお願いしてみると、皆さま快くお引き受けくださいました。

送られてくる原稿に目を通したり、インタビューに伺ってびっくり。どの先生も、想像以上に個性的なこだわりや趣味をお持ちでした。よく、「歯科医師は外車や時計が好き」といわれますが、実はそれほど的外れとはいえないことも明らかになりました。ただ、単に車にお金をかけているというのではなく、車の中で過ごす時間を大切にしているということのようです。時計好きというのも、時計を作る職人の仕事への敬意が背景にあるのは、歯科医師ならではのことでしょう。歯科医師ならではというのは、食へのこだわりにも表れています。食材、料理、行きつけのお店など、熱く語ってくださいました。

医療の中でも、歯科はスターを生み出しやすい分野だとされています。個々の技術を競う場面が多いことと、自費診療の幅が広いため、診療の自由度が他科に比べて大きいことがその理由だと考えられますが、やはり歯科のスターになられる先生方は、生き方もスマートでひたむきなのだと実感させられました。

ご協力いただきました先生方には、あらためて深くお礼申し上げます。

月刊『アポロニア21』編集長　水谷惟紗久

歯科界の旗手20人—あの先生のライフスタイル① 目次

本書は『アポロニア21』2014年1月号～2015年8月号に掲載した記事に加筆・修正を行ったものです。肩書き等は書籍発行時点のものになります。

01

砂盃 清

Isahai
Kiyoshi

先生

医療法人尚歯会 いさはい歯科医院 理事長
群馬県

■資格、所属
厚労省認可歯科医師臨床指導医、日本抗加齢医学会（JAAM）専門医、アジアインプラント学会専門医、日本顎咬合学会専門医。日本口腔インプラント学会、日本インプラント臨床研究会アクティブメンバー、OJ正会員、日本口腔外科学会、日本歯科麻酔学会、日本歯科医師会、その他多数所属

■診療スタイル
本院（ユニット17台）、高崎駅前分院（ユニット5台）、スタッフ約50人。小児から高齢者までの地域密着型

■生年
1958年

■出身地
群馬県

■出身大学
東北大学

生活スタイル

平均睡眠時間は？

約6時間。10年ほど前までは5時間取れれば幸せだった。

好きな時間は？

診療、業務終了後のほっとした時間。家族やスタッフと過ごしたり、お酒を片手に好きな論文や本を読む時間。

欠かさない日課や習慣は？

診療（？）。

上／息子と、カナダ・バンクーバーオリンピック開催中のウィスラースキー場にて。下／愛用のシャネル。左から、『J12ホワイトハイテクセラミック』『J12GMTブラックハイテクセラミック』『J12チタンセラミックダイヤモンド』。

好きな食べ物・嫌いな食べ物は？

好きな食べ物は生鮮魚介類、おいしいステーキ、鮨、フレンチ、イタリアン、中華、そば……。嫌いな食べ物は特になし（ゲテモノ類は苦手）。

行きつけのお店は？

JR高崎駅、JR日暮里駅周辺の食事のできる居酒屋やジャズバー（夕食の時間が遅いので、通常のレストラン等はオーダーストップになっている）。

好きなお酒は？

シャンパン、赤ワイン、スコッチウイスキー。長年出席している医科のアンチエイジングキャンプで、オープニングからシャンパンの乾杯でセミナーがスタートするのにあやかった。コストはかかるが、うまい！

現在の愛車。

健康にも良いようだが、調子に乗って飲みすぎないよう注意している。

子どもたちがコーラやジンジャーエールなどの炭酸飲料が好きなように、大人も疲れたときには炭酸が含まれたシャンパン、スパークリングワイン、ハイボール、ビールなどを好むようだ。

私はこんな人

趣味は？

・スキー

年間10日間滑走が目標。近場は軽井沢、越後湯沢。雪質を求めて安比、北海道、リゾートを兼ねてカナダなどへも。

・水泳

週に2日泳げると体が楽だが、なかなか実践できていない。

好きな洋服、腕時計などは？

服はアルマーニ。尊敬するY先生から、「良い仕事をするなら、一流ブランドをまとわないと、医院の外で患者さんに会ったときに幻滅されますよ」と15年ほど前に言われ、実践している。細身の自分の体形には、イタリアンファッションが合っているようだ。

医科のアンチエイジングキャンプ。ニセコビレッジスキーリゾートにて。

腕時計はシャネル。時計はいわば男性のアクセサリーと考えているので、ＴＰＯに合わせて楽しんでいる。「ハイテクセラミック」などと表現されると、歯科医師としてついつい購入してしまう。

乗っている車は？

メルセデスベンツ。尊敬するＨ先生から、「信頼して自費治療を任せている歯科医師が一般大衆車に乗っていたら、ある意味がっかりするかもしれない。かといって、最高級のロールスロイスなどに乗ってはいけない」と20年ほど前に言われ、実践している。数台乗り継いだが、最近は世界初の４ドアクーペであるＣＬＳを乗り継いでいる。

フェラーリやマセラティなどのイタリアンスポーツ車にも乗りたいのだが、地方都市では道路環境や患者さんの視線が厳しいので……。

群馬県のご当地キャラ・ぐんまちゃんと。

好きな旅行先は？

ニューヨーク。全ての分野において、高水準なものが結集しているから。学会出席や医院見学では、ヨーロッパ、アメリカに行くことが多い。

パワースポットは？

診療室（？）。体調が悪くても半日診療していると、調子が良くなる。

読書は？

1カ月約10冊。自己啓発本やビジネス書が多い。

座右の銘は？

不言実行（黙ってやるべきことをやる）。欧米人の「有言実行」と対比するが、日本人はこうあらねばと思っている。

尊敬する人は？

保母須弥也先生、山﨑長郎先生、熊谷崇先生、佐藤直志先生。専門分野における、歯科医師としての立派な哲学を持っているところを尊敬している。

学びのために実践していることは？

学ぶときは2番煎じ、3番煎じにならないように、その専門分野のトップの知識に直接触れ、核心をつかむようにしている。他人の噂話などには流されず、自分の五感（六感？）で感じ取る。勉強してきたら、きちんと消化して臨床場面で実践する。

仲の良い友人の特徴は？

プラス思考で、信頼がおける人。

苦手な人のタイプは？

マイナス思考が強い人。愚痴っぽい人。行動が伴わない人。

宝くじで3億円当たったら？

ジェット機を貸し切って、全スタッフとニューヨーク旅行。バレエ、オペラ、ミュージカル、ジャズなど超一流のエンターテインメントを楽しみながら、世界の行く末を学ぶ。

子どものころに熱中したことは？

プラモデル作りや、野球、水泳、テニス。

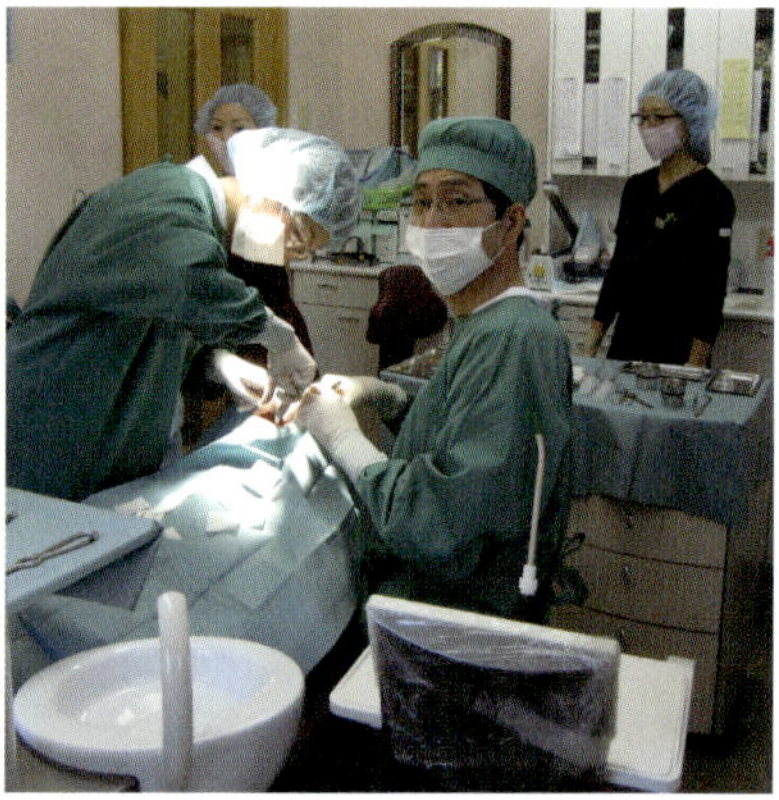

スタッフにインプラントオペを教授中。

うれしかった思い出は？

子どもが生まれたこと。

今まで成し遂げたことで意義深いと感じていることは？

小学4年生の時、水泳で個人メドレーに出場して表彰状をもらったこと。

私の夢

家族やスタッフへのメッセージ

決して家庭人とはいえない自分のわがままをいつも許してくれてありがとう。

日本国民の口腔からの健康長寿実現に向けて、皆で一緒に取り組み続けよう。

今後の目標や抱負は？

全ては患者さんのために（All for Patient）、スタッフのために、家族のために、そして歯科医療の発展のために!! 微力ながら尽くし続けたい。

生まれ変わっても歯科医師になりたいと思うか？

生まれ変わっても、健康長寿に大きく関われる歯科医師になりたい。

歯科医師でなかったら、幼少期からの憧れのジェットパイロットになり、自由気ままに（企業人では不可能だと思うが）大空を駆け巡りたい。

上／家族でニューヨークのイーストリバーサイドにて。
下／スタッフの結婚祝賀会にて。

02

石井みどり

Ishii Midori

先生

参議院議員

■資格、所属

厚生労働委員会委員長、消費者問題に関する特別委員会委員、自民党厚生労働部会副部会長、文部科学部会副部会長、中央政治大学院副学院長、日本歯科医師連盟顧問、広島大学医学部臨床教授、鶴見大学歯学部臨床教授

■生年

1949年

■出身地

広島県

■出身大学

鶴見大学歯学部（1期）

生活スタイル

平均睡眠時間は？

議会会期中の多忙な時期にリズムを合わせるため、0時には床に入り、5時には起きる。

好きな時間は？

書きものがある時などは、3時半～4時ごろ起き、仕事を始めるようにしている。この夜明けの時間帯が、静謐な感じで好き。

多忙なのでは？

会期中だけでなく、酒席の多い1月は多忙を極める。特に、全国各地で開催される、歯科医師会の一般会員の先生方が出席する行事は大切にしている。そのような場では、できるだけたくさんの人とお話ししたいので、個々の先生方とゆっくりお話しできないのが悩み。

好きな食べ物は？

最近は和食が増えてきた。地元の広島は魚がおいしく、特にオコゼを「生ちり」にして、ふぐのように食べるのが好き。ふぐのような歯応えはないが、魚そのものの味が堪能できる。

好きなお酒は？

公的な酒席は短い時期に集中するので、健康のためあまり多く飲まないようにしている。自民党の議員仲間などとの私的な酒席では、かなりいただく。かつては、日本中の大吟醸を飲み倒したのが自慢だった。

家では、ブルーチーズやドライフルーツと合わせてシャンパンを飲むことが多かった。ワインと違って値

上／第186通常国会招集日（2014年1月24日）。
下／日本歯科医師連盟での神事出陣式（2013年7月4日）。

段に極端な幅がない上、種類も限られているので、ソムリエ任せにせず自由に選べる。

私はこんな人

趣味は？

活字中毒。同時並行で何冊も読む。議員になる前は1週間に2冊読んでいたが、今では読んでいるうちにいつの間にか寝てしまい、なかなか読み進められない。

少女時代は映画や演劇が好きで、バレエも習っていた。ちなみに、森下洋子さんは私のバレエ学校の1期上。歌舞伎などの鑑賞も大好き。しかし、議員になってからは時間が取れず、年末の京都南座の顔見世だけ。

スポーツはトレッキング。下り坂でバテないように普段から鍛えていた。地元では開業地、自宅、県庁、歯科医師会が全て1㎞圏内にあったので、できるだけ歩くようにしていた。以前はマリンスポーツも楽しんでいた。

洋服の好みは？

「大人は服に自分を合わせるのではなく、自分に服を合わせる」を信条に、デザイナーさんにお願いして季節ごとに新調している。この方とは30年来のお付き合いで、母の服も作ってくれていた。議会で他の女性議員と服装が重ならないようにという配慮でもある。

広島県歯科医師会や日本歯科医師会で仕事をしてきたため、服の色は男社会を象徴する黒、紺、白が圧倒的に多い。県歯でも日歯でも「初の女性理事」だったこともあり、服装で目立ちたくなかったという理由もある。

印象に残った本は？

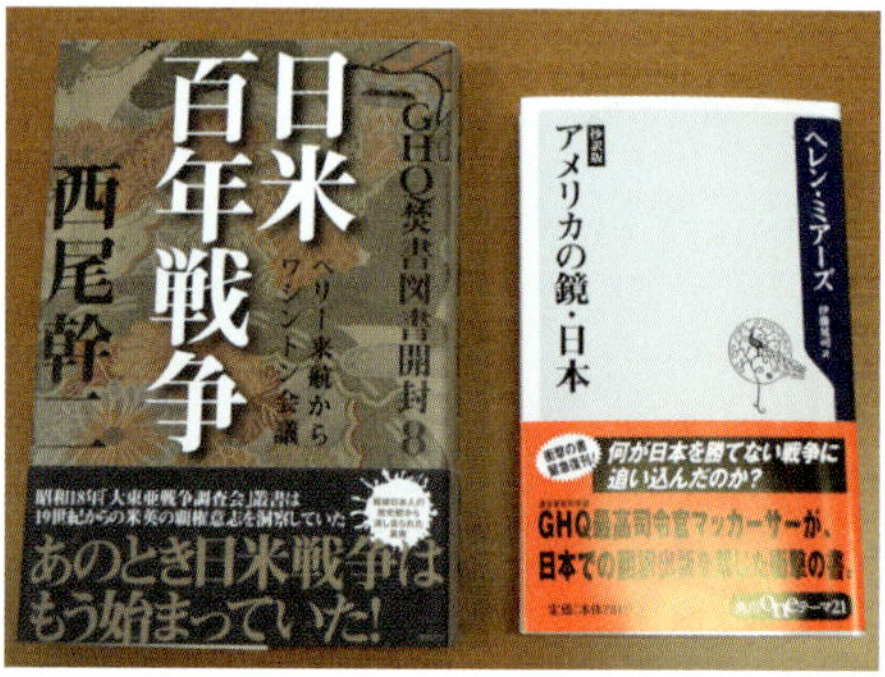

最近印象に残った本。

『アメリカの鏡・日本』（ヘレン・ミアーズ著、角川oneテーマ21新書）、『日米百年戦争』（西尾幹二著、徳間書店）。ともに、なぜ日本が戦争に引き込まれたのかを明らかにしている。政治家として、国の安全と国益を守るにはどうあるべきかを考えさせられる。また、村木厚子さんの『私は負けない』（中央公論新社）も教えられるところが大きかった。

私のアルバム

高校時代。中央が筆者。

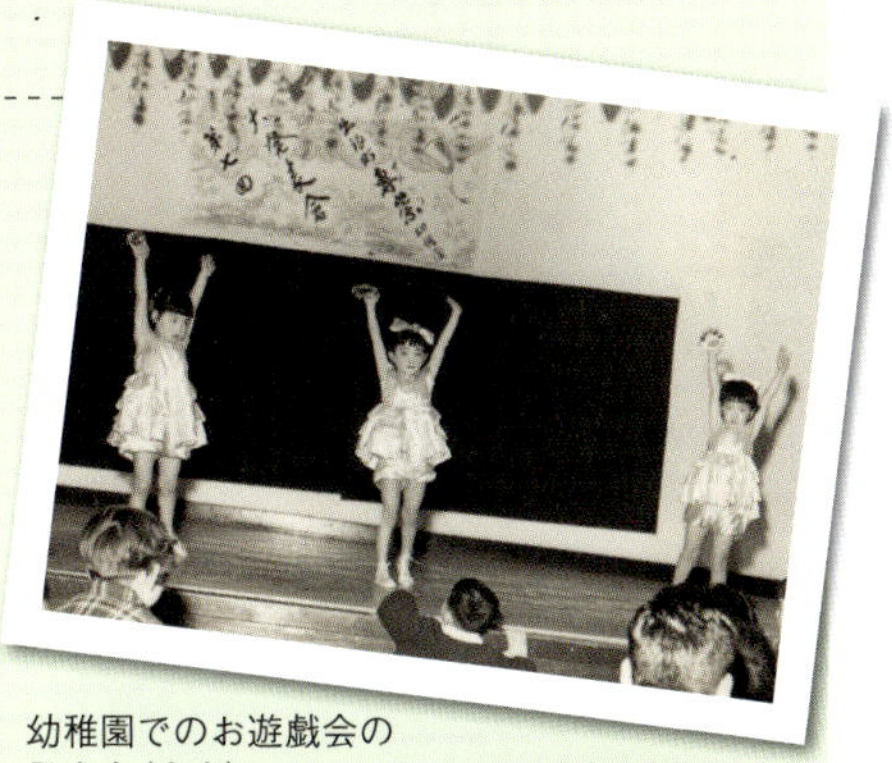

幼稚園でのお遊戯会の発表会（中央）。

開業1年目。自院スタッフとの暑気払いの会食（フランス料理）にて。

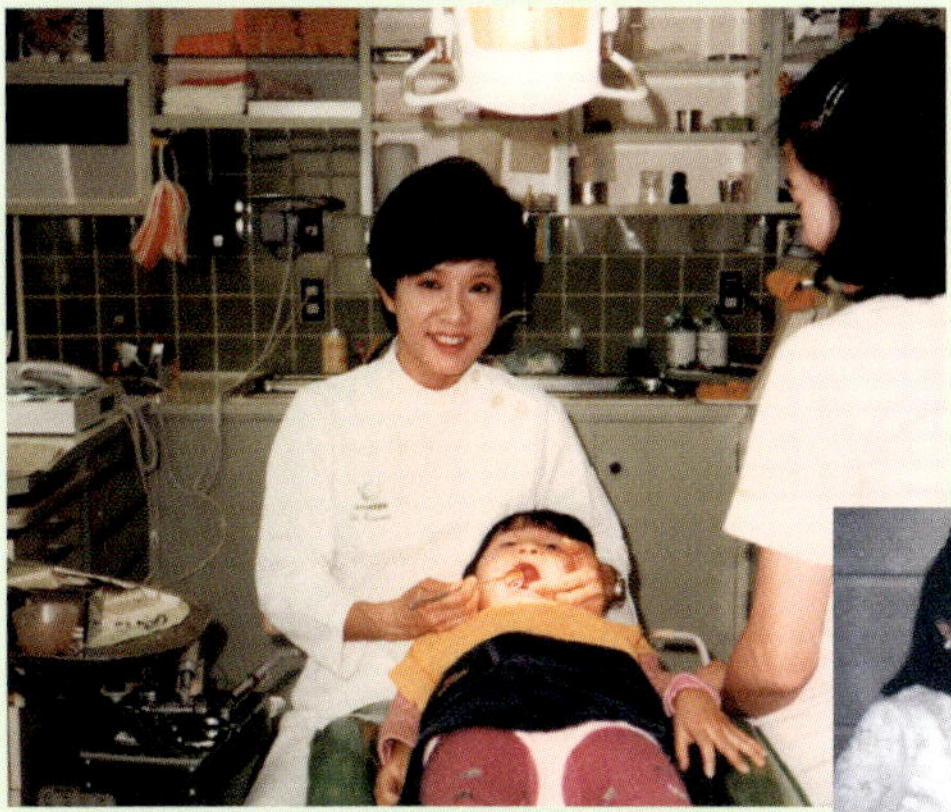

自院（旧診療所）にて診療中。33歳のころ。

洋服デザイナーさん（右）とは30年来の付き合い。母（中央）ともども依頼していたことも。

座右の銘は？

ホームページでは「愛は近きより」としているが、政治家としての信条は「半歩前へ」。何事も、最初に一番大きな力が必要。そのとき、極端に大きな変化を望むのは成熟社会にはなじまないし、日本人の国民性に合わない。だから半歩前。

尊敬する人は？

政治家では青木幹雄氏、歯科医師としては三宅貫一氏。

三宅先生は、地元歯科医師会支部の大先輩で、歯科医師としての仕事をきちっとこなすことの意義を、身をもって教えてくださった。歯科医師の仕事は、適当にこなすと、その結果が患者さんの口腔内にずっと残る。「どこかで誰かが見ている」という感覚を持てば、人間、謙虚になるものだ。

長所と短所は？

長所は明朗快活、前向き、積極的なところ。短所は１００は挙げられそう。

仲の良い友人の特徴は？

中学時代から大学までずっと女子校（ノートルダム清心→鶴見大1期）だったので、友人は一見お嬢様風で穏やかだが、親しくなると辛らつで厳しいタイプが多かった。彼女たちは人前では積極的に自己主張はせず、自然に「みどりを通して言おう」というような感じになっていた。

以前は人の好き嫌いがはっきりしていたが、政治家はそれでは通用しないので、苦手を意識しないようにしている。

「鶴見の1期」というと、個性的な歯科医師が多いという噂が…

厚生労働委員長としての初の委員会（2013年8月7日）。

鶴見大学は3期まで女子だけだった。先輩がいない上に、女子だけで学ぶ環境だったので、「何事も自分で決めて行動する」というスタイルが身に付いた。

これが個性的だと分かったのは、地元に帰って広島大学附属病院の医局に配属された時。共学の広島大学を卒業した女子は私とは正反対で、

「男性をうまく使いこなす」タイプの子が多かった。ちなみに私が入局する前は、女子が男子にビールを注ぐのが当然だったが、逆に女子に男子がビールを注ぐように改革した。

開業後も、私の生き方を見た先輩方から、「息子は母校に入れたいが、娘は鶴見に入れたい」とよく言われた。行動力を買われたのだろうか。

鶴見大学広報誌『キャンパスナウ』座談会。左は前田伸子副学長、右は桃井保子歯学部教授（2013年2月13日）。

広島県の地域保健で活躍されてきたが、信条は？

それぞれの地域で特異的な課題と解決策があるので、私は「現場原点主義」を大切にしている。広島の場合、瀬戸内海の造船所での酸蝕症が労働安全衛生上の大きな問題となっていた。これを解決するためには、地域の知恵と、労働安全衛生法の改正などの法整備が求められる。歯科口腔保健法を第一歩に少しずつブラッシュアップし、最終的には歯科医師法改正なども視野に入れていきたい。

臨床医として気を付けていたことは？

物理的に子どもと同じ目線に立ち、成長・発達における全ての過程を受け入れること。自立的に生活習慣をコントロールすることが中心となり、削る・抜くという処置はほとんど行わないようになるため、小児歯科医療は必然的に定期管理型となる。う蝕も多くは経過観察と生活指導、フッ素応用で良好な予後を期待できる。

最終的には、GPからの紹介がほとんどとなり、発達障害児、難病児、身体障害児などの診療が中心になったが、定期管理に移行することと、本人や家族との合意形成が基本なのは同じ。

私の夢

生まれ変わっても歯科医師になりたいと思うか？

職業も含め、女でなく男になるなど、今と全く別の生き方をしてみたい。演歌の主人公のような人生にも憧れる。

03

伊東隆利

Itoh Takatoshi

先生

伊東歯科口腔病院 理事長
熊本県

■資格、所属
厚生労働省歯科医師臨床制度指導医、歯科医師の資質向上等に関する検討会委員、日本口腔外科学会名誉会員・専門医・指導医、日本歯周病学会専門医・指導医、日本口腔インプラント学会専門医・指導医、日本有病者歯科医療学会認定医・指導医、九州インプラント研究会（会長）、日本有床歯科施設協議会（会長）

■表彰歴
２０００年厚生大臣表彰、２０１０年日本歯科医学会会長賞、２０１５年叙勲旭日双光章受章

■診療スタイル
19ページ参照

■生年
１９４２年

■出身地
熊本県

■出身大学
日本大学歯学部

生活スタイル

平均睡眠時間は？

かつては5～6時間だったが、友人の医師から睡眠不足は脳にとってストレスになると聞き、最近は6～7時間に。

好きな時間は？

朝4～5時に起き、7時までの静かで自由な時間。

欠かさない日課や習慣は？

起床後の軽いストレッチ体操、7時からの礼拝室での朝の祈り（カトリック）。また、三度の食事は必ずしっかり食べる。

好きな食べ物・嫌いな食べ物は？

好き嫌いなく、出されたものは残さず食べる。残すと罪悪感を感じる。作った人の苦労を考えよという小さい時からのしつけのおかげ。昭和10年代生まれの人はみんなそうでは？

好きなお酒は？

季節により何でも嗜む。一人で飲むよりみんなで飲むのが好き。よってやけ酒を経験したことはない。

私はこんな人

趣味は？

少年時代はボーイスカウト、長じてはワンダーフォーゲルで全国行脚。中学時代から茶道にも興味を持ったが、歯科医師になってからは思うようにできていない。

お茶への思いは長女が引き継いでくれた。娘のお手前で喫する抹茶のおいしいこと。もう少ししたら茶道を再開しようと、膝と腰を痛めないように日ごろから注意している。

服や時計などの好みは？

特にこだわりなし。強いていえば、還暦の時に妻からプレゼントされた、がっちりしたバセロン・コンスタンチンは大事に使っている。最近いただいた日本歯科医師会有功会員章副賞のクレドール（エレガントなタイプ）と、その時の気分で使い分けている。

好きな旅行先は？

教会巡り。お御堂で静かに座っているのが好き。

パワースポットは？

熊本市近郊に樹齢1000年のヒノキがあるが、そのどこまでも張っているような根っこの圧倒的な力強さに感動。また、家族や仲間に囲まれている時間も、パワーを与えてもらえる。

読書は？

もともと読書は趣味。歯科関連の資料やテキストは読まざるを得ないが、断片的な読書になってしまうので残念。一般書は月1〜2冊で、これまた残念。

私の尊敬する2人。左は父の伊東武嗣、右は添島義和先生（いずれも故人）。

印象に残った本は？

最近印象に残ったのは、熊本県知事・蒲島郁夫氏の『逆境にこそ夢がある』（講談社）。熊本には歯科界の大先達である一井正典先生がおられるが、明治の青年のアメリカでの苦労と、昭和の青年のアメリカでの苦労がオーバーラップして感動した。

座右の銘は？

若い人といつも一緒にいるので、「共に学び共に向上」。

尊敬する人は？

父である伊東武嗣（故人）と添島義和先生（熊本市、故人）。共に人間的に雄大で歯科医師魂がすごい！

ふと気付くと、2人のマネをしている自分がいる。

長所と短所は？

気が短いと思っていたが、結果的には我慢強いのかなと思っている。新しい歯科医療モデルの創出を目指して、長年取り組んできた経験を振り返って……。

仲の良い友人の特徴は？

友人は多い方ではないが、専門を越えて人としての存在感のある人。

子どものころ熱中したことは？

本を夢中で読んだこと。また、「モノ作り」が好きで、暗くなってからも金釘を打っていた。中学時代、自分の小屋を作っている時、屋根から落ちて首を強く打ち、今でも後遺症に悩んでいる。

今まで成し遂げたことで、意義深いと感じていることは？

父の代から引き継いだ「口腔科診療」と、その実現のための「歯科病

伊東歯科口腔病院の歩み

1939年　伊東歯科口腔科醫院開業
1975年　有床歯科施設へ
2009年　開放型病院へ
2010年　地域歯科診療支援病院へ

■ 患者層

連携歯科医師・医師の紹介により、二次医療的な患者さんが中心

■ 標榜科目

歯科、歯科口腔外科、矯正歯科、小児歯科、麻酔科（医科）

■ 設備

入院設備24床、手術室3室（うち1室はクリーンルーム）、外来24チェア（個室）、延床面積約2,900㎡

■ スタッフ

歯科医師30人、医師1人、歯科衛生士50人、看護師20人、放射線技師2人、歯科技工士11人、薬剤師1人、管理栄養士2人、滅菌技士3人、システムエンジニア1人等、約170人

伊東歯科口腔病院の原動力である3兄弟（左：伊東隆利、中央：伊東隆三、右：伊東泰蔵）。

1948年ころの伊東歯科口腔科醫院と私。

左／ 1975年に有床（10床）の歯科施設へ。
右／現在の伊東歯科口腔病院。

院の創設」をライフワークとしてきた。地域の先生方にも、患者さんにも喜ばれて役に立つ歯科施設のモデルを、歯科大学のない熊本でつくることができた。

１９７５年に有床の歯科医院として活動を開始、２００９年に開放型病院、２０１０年に地域歯科診療支援病院へと進化してきた。これまでの連携医療の実績から、歯科大学病院や病院歯科、分院方式とも違う新しい歯科医療モデルが出来たと考えている。

私の夢

家族やスタッフへのメッセージ

病院づくりについては、弟2人の協力なしにはできなかったと考えている。口腔外科を長男の私が、矯正歯科を三男の伊東隆三が、小児歯科を四男の伊東泰蔵が原動力となってチームを作り、そこに全国各地から優秀なスタッフが集まってきた。感謝あるのみ。

また、12年前に父は89歳で帰天したが、現在私たち夫婦は94歳の母と一緒に生活しており、妻がよく母の面倒を見てくれているのでありがたい。入院病室草創期のころ、子どもを背負って患者さんの給食を作ってくれたのも懐かしい思い出。よく42年間支えてくれた妻。感謝です！

３人の娘もそれぞれに嫁ぎ、孫4人。早いもので、一番上の孫は20歳で歯科大学2年生。長女は裏千家茶道の准教授、夫は整形外科医。次女、三女は歯科医師となり、それぞれ歯科麻酔、歯周病の専門医となった。2人の夫も共に口腔外科専門医。これまた感謝あるのみ。

今後の目標や抱負は？

幸い健康に恵まれてきたので、手が動く限り、目が見える限り、80歳くらいまで現役で、３つの学会の専門医として働きたい。

80歳を過ぎたらやっと少しは自分の時間がつくれるかなと期待しているが、先のことは分からない。

生まれ変わっても歯科医師になりたいと思うか？

恐らく、やらねばならないことを残して生命果てると思うので、生まれ変わったら残りの仕事をやり遂げたい。

現在の伊東歯科口腔病院

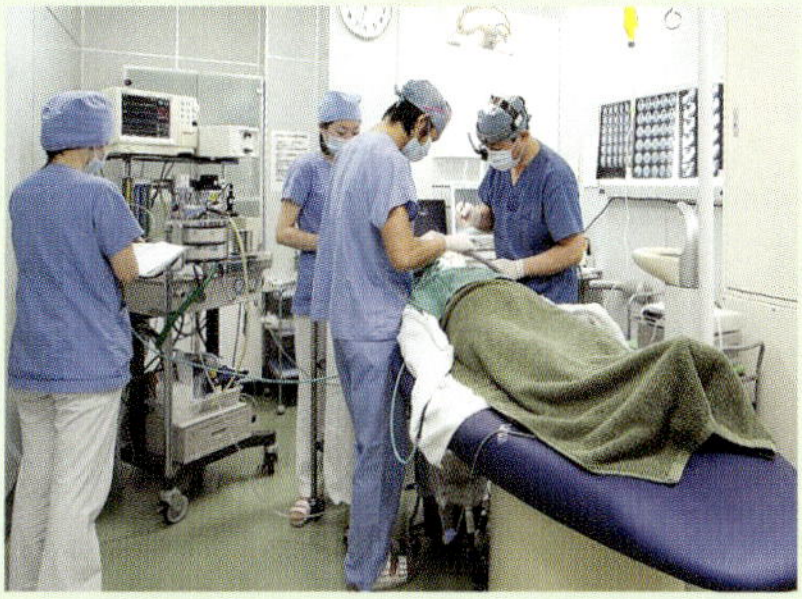

24時間365日稼動している救急処置室。

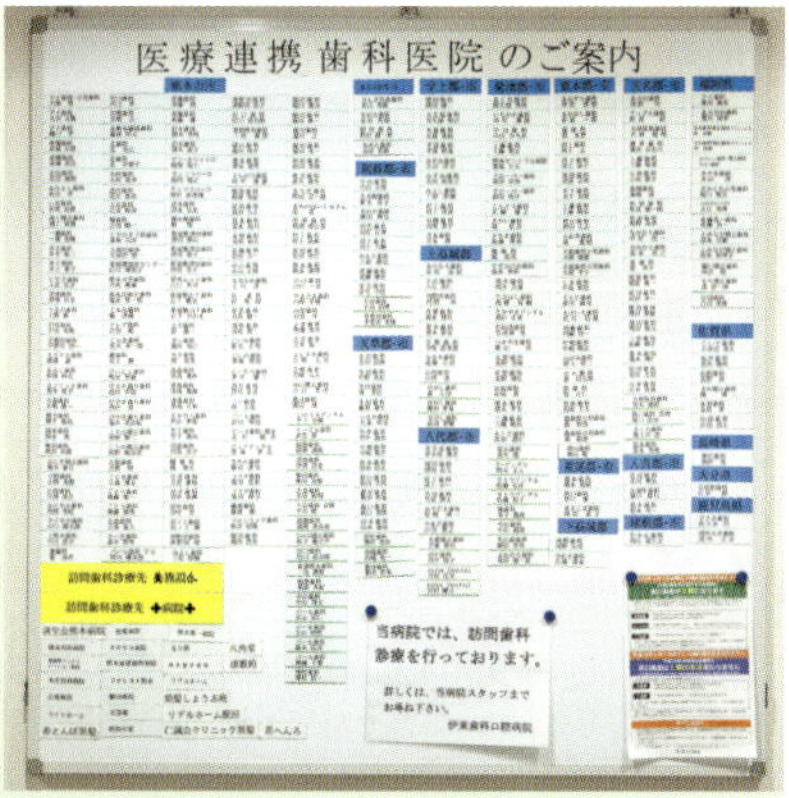

病院の玄関にある、連携歯科医院と病院の案内板。

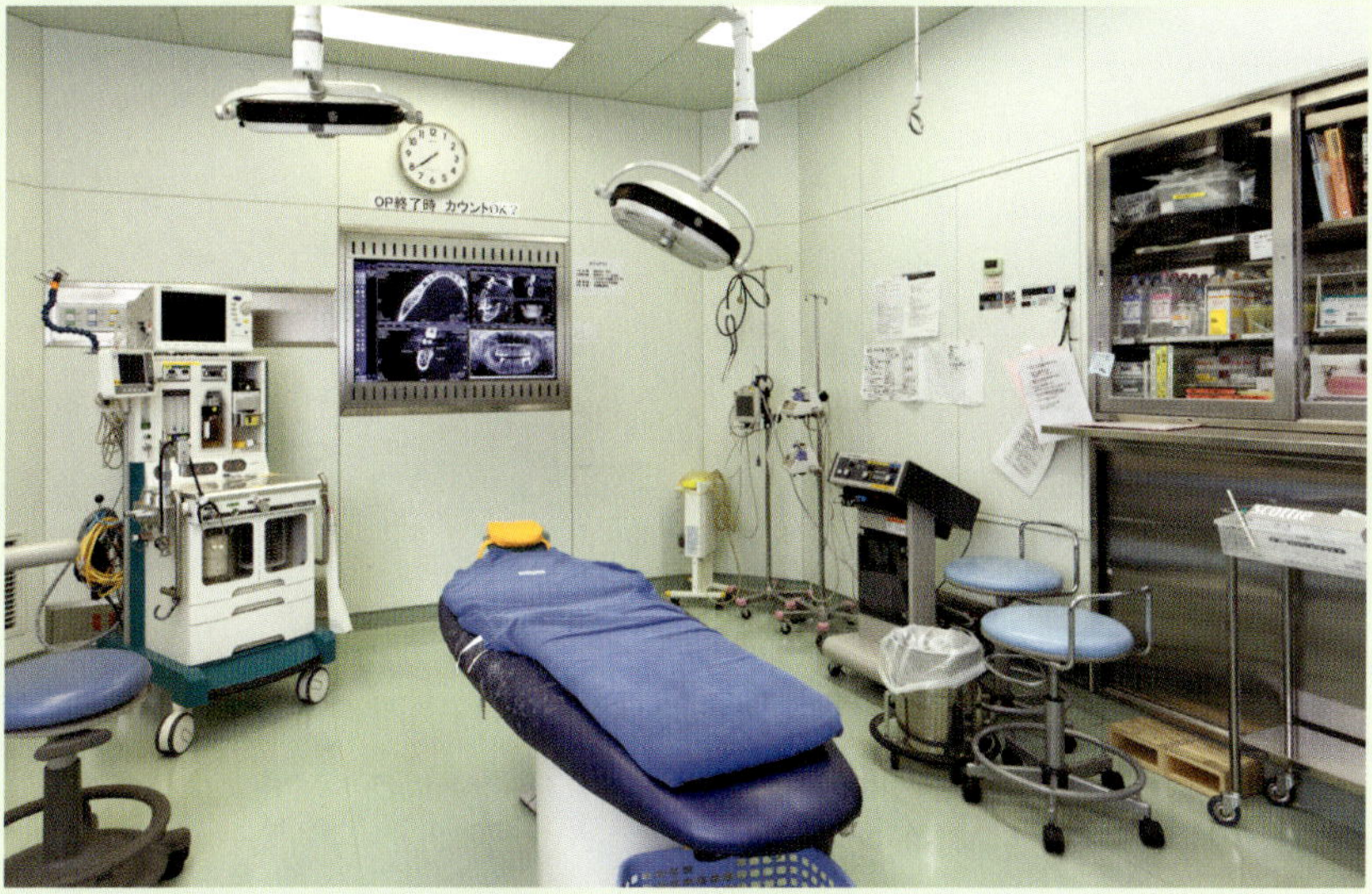

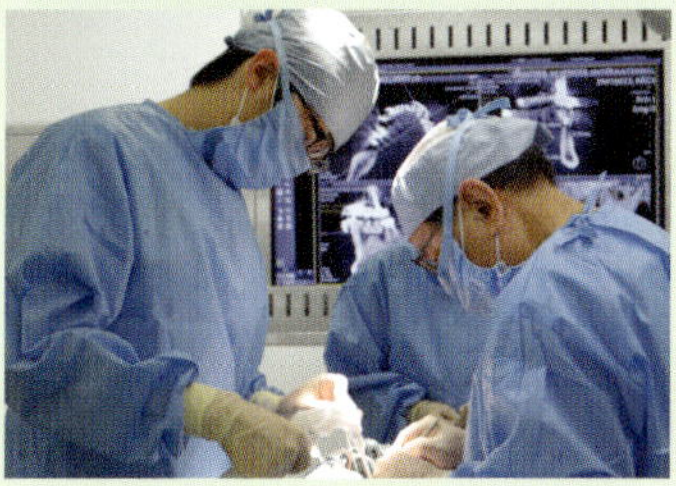

上／手術室（クリーンルーム）。
下／ある日の手術風景。

04

大久保満男

Okubo Mitsuo

先生

元日本歯科医師会会長

■資格、所属
日本大学客員教授
■生年
1942年
■出身地
静岡県
■出身大学
日本大学歯学部

※文章は日本歯科医師会会長時代に執筆

生活スタイル

平均睡眠時間は？

若い時はともかく、還暦を過ぎてから睡眠不足が一番身体にこたえるようになったので、最低8時間は寝ている。

不健康は判断能力を低下させるので、日本歯科医師会会長として最も避けねばならない基本的なことと思っている。

好きな時間は？

新幹線や飛行機の中でじっくり読書する時間。だから、静岡から東京までの移動では、乗車時間の長い「こだま」を選ぶ。

哲学や政治・経済などの社会科学、また医学や自然科学等のハードカバーと、頭が疲れた時に読む推理小説を常にセットで持ち歩く。

そして言うまでもなく妻といる時間（こう書けば妻も満足してくれるかなと思うが、浅知恵だと見透かされそうだ）。

現在のスケジュールは？

月曜は静岡の自院で診療。現場の感覚を忘れないため。火～金曜は主として東京で執務。金曜はたまに静岡で診療のことも。土日は会合や講演のため全国を回っていることが多い。

好きな食べ物は？

フレンチ、イタリアン、寿司。おいしいものはもちろん好きだし、店も選ぶが、場面に応じてどんなものでもきちんといただくようにしている（歯科医師会の会合などで出る上限価格の抑えられた弁当も含む）。

行きつけのお店は？

東京では京橋のフレンチ「ドン・ピエール」。こじんまりした店だが、味もサービスも素晴らしい。静岡では「旬香亭」。東京で活躍したフレンチのシェフが地元に帰り、「好きなものしか作らない」というポリシーで始めたユニークな店。デザートはかき氷で、自家製のシロップは絶品。

私はこんな人

趣味は？

一般的な答えをすれば、美術鑑賞、音楽鑑賞、演劇鑑賞、読書ということになるが、読書は歯科医師会の会長としての考え方を作るためのもので、仕事の一環ともいえる。

美術鑑賞は、医院の下の階で10年間、画廊を経営していたので、果たして「趣味」といえるかどうか……。

これから伸びる美術家を見つけたり、作品の質を見分けたりする目は確かだと思っている。ただ、自分の気に入った作品しか展示しない方針を貫いたので、ビジネスとしては成功せず、画廊経営に関してはプロとはいえない。

音楽については、静岡市の子どもたちが生のオーケストラの音楽に親しめるよう、市の音楽祭の企画に携わり、それが静岡市の音楽館ＡＯＩの設立につながることになった。

演劇は、県立舞台芸術センターの設立に関わった。

また、美術に関しても、県立美術館の設立に関わっている。

この3つの公共の文化施設は、現在わが国における最もユニークな企画と運営を行っている施設として、全国に知られている。ただ、これらは趣味というより「事業」だが……。

芸術も音楽も演劇も、全て「批評家」のスタンスで、創作はしない。理想は「批評」が「創作」になることだが、自分の能力では不可能だ。

美術への興味はいつから？

なぜか、小学生のころから絵を見るのは好きだった。大学入学は1960年だが、この時代の日本は世界的に見ても現代芸術の新たな可能性が一斉に広がった、とんでもなく元気な時代だった。新しい作品に出合うための画廊巡りの日々だった。

栄養をつけなければと食費の仕送りを多めにしてもらったが、実際は毎日学食で50円のラーメンを食べて貯金し、版画を買ったりしていた。

佐村河内氏の批評を断った理由は…

ある婦人雑誌に連載中、「『耳が聞こえない作曲家』として評判の佐村河内守さんの音楽を批評してほしい」と言われたが断った。表向き別の理由をつけたが、「この時代にこの音楽は不自然」と、違和感を感じたため。

どんなものでも批評をするには、豊富な経験だけでなく自分自身の評価の軸が必要と考える。マスコミの評価や世間の評判などに惑わされてはならない。評価の軸を決める重要な要素は「時代と対峙しているか」。大作曲家に共通しているのは、時代と向き合っているだけでなく、それを超えた普遍的な価値を有していること。例えば、バッハの音楽は神に捧げられたものだが、多くの人の心を打つ普遍性を備えている。

時代に向き合っていないものには表現に必然性が感じられないため、作品に批判性が欠如しているのだと思う。

車や時計、服の好みは？

全てデザインで選ぶ。車については全く関心がなかったが、35歳の時、中古のミニクーパーのワゴンを見てほれ込み、それに乗るために免許を取った。後部ドアが木製で、側面のウインドーは引き戸というデザインが気に入った。梅雨時になると木製ドアからキノコが生え、ウインドーウォッシャーのボタンを押すと、なぜか運転席の足元に洗浄液が吹き出てくる認知症のような老車だったが、気に入っていた。

その車が水没して廃車になった後も、デザインの気に入った車に乗った。しかしある時、某イタリア車を運転中に暴走し、生命の危険を感じてからは安全性を重んじるようになり、自動車趣味は収束した。

時計もデザインだけを重視して6個ほど持っているが、時計もカバンも高価なブランド物には興味がない。ブランドは、他人による評価にすぎないので。

服については、自分が着るものは全て自分で選ぶのはもちろん、妻が着るものの8割は私が選んでいる。30代のころは「コム・デ・ギャルソン」「ワイズ」といったアバンギャルドな服を妻にプレゼントしていた。妻の方では、「どんなふうに着ればいいの？」と悪戦苦闘していたようだが、うまく着こなしていた。今は「ヨシエ・イナバ」が気に入っている。店に展示されているだけで、妻が着るとどんな感じになるか思い描くことができるのは、彫刻を見慣れているからだろう。

カバンも好きだが、たくさん集めすぎた。これ以上カバンを買ったら、離婚されてしまうかもしれない……。

自宅も自分でデザインしたとのことだが…

構造設計は当然専門家に依頼したが、建物の基本デザインは自分がした。間取りや内装の素材、ドアや窓の大きさや材料の指示等、細部までデザインを考えた。

人を招いたり、音楽を聴いたり、お茶を点てたり、読書や調べものをしたりと、少ないが自分の時間を楽しむ貴重な場だ。ただ、デザイン重視のため、住むには不便。

長所と短所は？

上／自宅の書斎。たまの休日に読書や調べものなどをする時に過ごす場所。整然と見えるが、この上の階に倍以上の本が乱雑に積み重なっている。
下／自分の「美」の思想をどうデザインするかだけにこだわった家なので、「住む」には不適。

長所と短所は同じことの裏表。小児う蝕の罹患率を抑えるために歯科医師会として何ができるかという課題に対して、理論構築の精密さ、ネゴシエーション能力の高さを追求してきた。60年安保世代だから、その種のことには長けていると思うが、その分、慎重すぎて「猪突猛進」できないのが欠点かもしれない。

尊敬する人は？

西郷隆盛。時代を見ながら、時代とともに死ぬ覚悟を持っていた。西南の役では、士族の存在意義がなくなったことを自覚して、仲間と戦い、自ら死ぬことで時代を変えた。責任を引き受ける覚悟のすごさを学んだ。

宝くじで3億円当たったら？

静岡の街の真ん中に小さな森をつくり、掘っ立て小屋を建て、妻との終の棲家としたい。

今まで成し遂げたことで、意義深いと感じていることは？

ない。何かを「成し遂げた」と思った瞬間に、その人は終わると考えている。特に、私が取り組んできたことには、いずれも終着点がなく、全て途中経過にすぎないと考えている。

仲の良い友人の特徴は？

自分の限界を自覚している人。歯科医師会の仕事をしていれば自然にそうなる。逆に、苦手な人はいなくなる。対人関係での許容範囲が広くなければ、会務は遂行できないからだ。

私の夢

そもそも歯科医師会の役員を務めるようになった理由は？

28歳の時、静岡市歯科医師会の役員に立候補して以来、現在まで約45年にわたって会務に携わってきた。

立候補の理由は、当時は小児う蝕の罹患率が98％で、小児歯科医として定期管理・予防型の歯科医療に取り組んでいたが、一つの歯科医院の努力ではどうにもならない。公共事業として取り組むべきだと考えた。

役員になって最初に市長を訪ね、その必要性を説いて保健所に歯科衛生士を配置してもらった。28歳という若造の私の、直談判による提言に耳を傾けてくれたことを今も感謝している。

以来、地域保健に関わる事業を軸に、長らく歯科医師会の運営に関わってきた。好きなことを言い、好きなことをやりたいという、従来の歯科医師会ではあり得なかった生意気な私を切り捨てるのではなく、「そこまで言うならやってみろ」と受け入れてくれた、もうこの世にいない先輩たちにも感謝したい。

家族やスタッフ、友人・知人へのメッセージ

45年近くにわたる歯科医師会役員人生を送ってきたが、妻からは何も文句らしい言葉を聞いたことがない。私は歯科医師会の財政には詳しいが、家計がどうなっているかは全く知らない。

また、時に厳しい注文を理解し、実行してくれた歴代の役員たちが私を支えてくれたことに感謝している。

生まれ変わっても歯科医師になりたいと思うか？

これまでは芸術の批評ばかりやってきたので、表現する側に回ってみたい。ただ、生まれ変わりは信じていないが。

05

桑田正博

Kuwata Masahiro

先生

愛歯技工専門学校名誉校長
東京都

■資格、所属
クワタカレッジ校長
Kuwata Institute Millennium最高顧問

■生年
1936年

■出身地
旧満州・新京(現・中国吉林省長春市)

生活スタイル

平均睡眠時間は?

12時ごろに寝て、4時半か5時に起きている。

好きな時間は?

仲間たちと一緒に学び、文献などを調べている時。しかし最近、それだけでないことに気付いた。

東南アジアに講演で招かれた際、妻と妻のいとこを「バリ島で一緒に2~3日過ごそう」と誘った。歯科界の関係者がいないプールサイドでぼんやり休んでいたら、来年追求すべきテーマが決まった。関係者が集まると、どうしても細かい各論に気を取られがちなので、広いテーマを探し出すには、このような方法もいいと思った。

日課にしている真剣の素振り。

好きな食べ物・嫌いな食べ物は?

偏食はしない方だが、あえていえば、ジャガイモは好んで食べない。終戦直後の混乱期に一生分食べてしまったから。パクチーが苦手なので、タイやベトナムでは苦労する。茗荷もダメ。

最近、炭水化物を控えるようにしており、以前よりも野菜や果物の割合が多くなった(妻の管理)。朝はいつも、コーンフレーク、バナナ、胡桃5つ、干し果物に牛乳をたっぷりというメニュー。これは海外に行っても変わらない。

ちなみに、食器にもこだわりがあり、和食器はデザインを、洋食器は完成度を評価している。特にバカラが好きで、パリのバカラ美術館

左／小沢征爾氏の父上とお揃いで買ったオメガの時計。
右／現在の愛車はクラウン。愛歯技工専門学校の校庭にて。

に行った時は、頼み込んで展示物を譲ってもらったほど。

好きなお酒は？

かつてはビールや日本酒を好んだが、カロリーが高いので今は控えている。おかげで3kgやせた。代わりにワイン、シャンパン、焼酎が中心。量はほどほどだと思う。

行きつけのお店は？

南千住の「尾花」(うなぎ)。いまどき、天然うなぎを出す店で、しかも予約を取らないので、1時間は待たされる。知人を誘うときには、「それでも大丈夫?」と確認してから連れて行く。

ゆっくり人と会うときは、赤坂TBS2階の「グラナータ」(イタリアン)がお勧め。銀座と日本橋高島屋にある野田岩(うなぎ)にもよく行く。

私はこんな人

趣味は？

「仕事人間」と思われるかもしれないが、歯科技工について考え、討論し、原稿をチェックしている時が一番充実している。身体がなまらないように、このところ、家で真剣の素振りを600回(朝300回、夜300回)行うのを日課にしている。

本を探すときは、できるだけ大型店に行き、まず本の表紙だけ眺めていく。タイトルに興味を引かれたら手に取って見る。一般誌では、月刊『文芸春秋』が世界の動向が分かり、勉強になるので気に入っている。一通り雑誌などを見たら、専門書の中から注目すべきものを探す。

今では、ネットで簡単に検索・注文できるが、実際に本を手に取る感覚を大切にしたい。

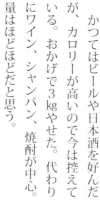

服や時計、車の好みは？

ブランド品などには興味がなく、服は妻が選んだものを着ている。

時計は、私と同郷（旧満州・新京）出身の音楽家・小沢征爾氏の父上（歯科医師）とお揃いで購入したオメガ。たまたまスイスでご一緒する機会があり（1965年）、「時計でも買いに行こう」と買い物に行くことに。その時に買った時計を、帰国後、父にプレゼントした。父が他界した後は、オーバーホールして使っている。半世紀以上前の器械時計がキチンと動いているということに感動を覚える。

車は、それぞれの国の風土や地理的条件に合ったものが作られていると思うので、アメリカ在住の際はビューイックのワゴンに乗っていた（多くの人を乗せて案内する機会もあったので9人乗り）。日本では日本車にしか乗らない。細やかな配慮が行きわたっており、故障がないのが日本車の魅力。

なお、テロ対策なのか、かつては郵送でできたアメリカ国内の自動車免許の書き換えが出頭を要するようになり、以来、更新していない。

パワースポットは？

自宅近くの後楽園にある「ラクーア」。温泉に入ることができ、食事もそこそこのレベル。誰にも邪魔されずに過ごせる隠れ家のような場所。大抵本を持って行き、キリの良いところまで、などと思っているうちに時間が過ぎてしまい、帰宅が深

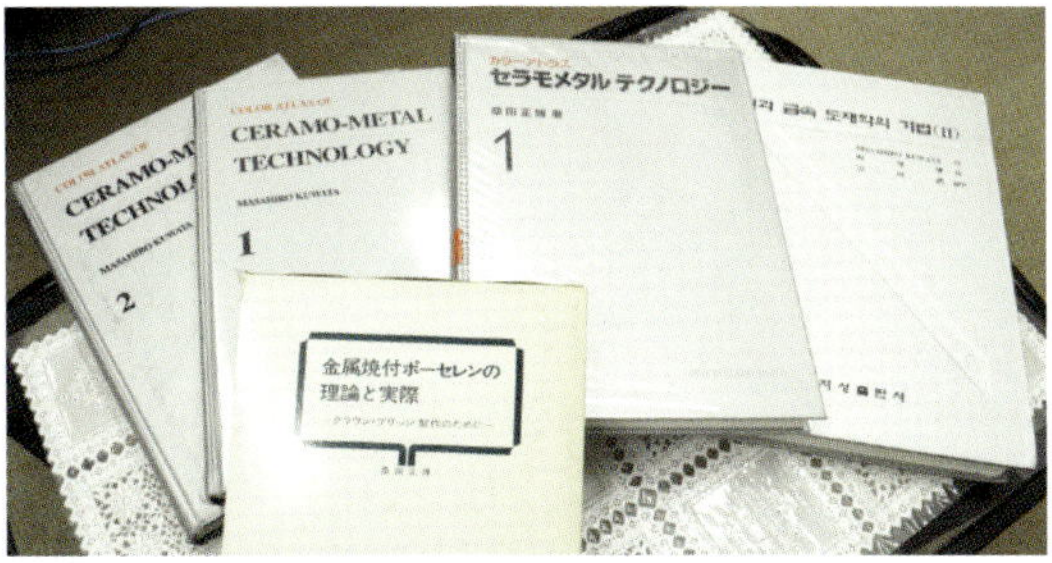

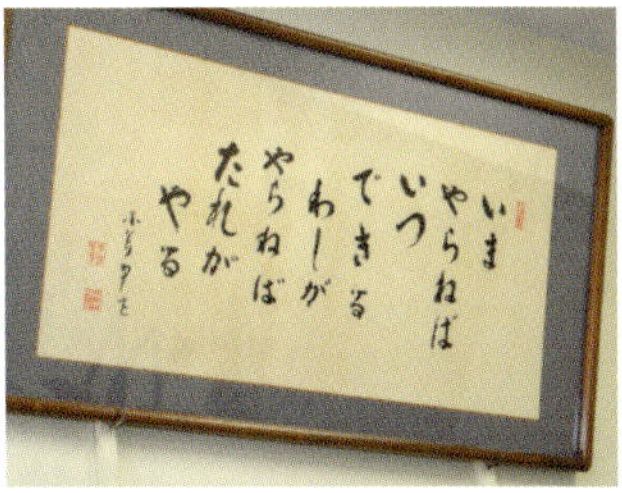

上／各国語に翻訳されている桑田氏の著書。現在でも版を重ねている。
中／愛歯技工専門学校の教室に掲げている、彫刻家・平櫛田中の額。
下／バリ島にて、妻（右端）と妻のいとこと。リラックスすることで新しい仕事のアイデアが生まれた。

夜になることも……。

生活上のこだわりは？

携帯電話は持ってはいるが、電話がかかってきても出ない。留守電も聞かず、発信専用。ほとんどのコミュニケーションはPCメールで行っている。

印象に残った本は？

クリストファー・ロイドの『137億年の物語』(文芸春秋、野中香方子訳)。ビッグバンから現在までの歴史をひもといた図説本。世の中、1000年の単位では大して変わらないことが分かる。

歯科補綴でも同じことがいえるだろう。私が1970年代に書いた本(『セラモメタル テクノロジー』等)がまだ各国で読まれているのは、いったん明らかになった法則や方法は、そんなに簡単には覆らないということを示している。

尊敬する人は？

女性歯科技工士ジェリーと結婚したことから歯科の世界に入った、科学者のシグモンド・キャッツ氏。金属焼付ポーセレンを最初に臨床に取り入れたジョージ・ストラウスバーグ氏やS・ワーグマン氏。咬合理論の父といわれるH・スカイラー氏。パンキーフィロソフィーを提唱したリンゼイ・パンキー氏。モンソンの球面学説を念頭に、適正な咬合平面を付与することを重視したアルビン・マン氏。「生体に咬合を受け入れさせるのではなく、生体が受け入れてくれる修復物のデザインを考えよ」と示した、私のパートナーのロバート・スタイン氏。「ナソロジーの四天王」の一人に数えられたピーター・トーマス氏。審美歯科のパイオニアであるロナルド・ゴールドスタイン氏やアーウィン・スマイゲル氏。オールセラミックによる修復への道を開き、「サー」の称号を許された数少ない歯科医師であるジョン・マクリーン氏。そして、一緒にクワタカレッジを支えている友人たち。

また、何といっても忘れてはならないのが、愛歯技工専門学校の創設者である鹿毛俊吾先生。1959年、「桑田君、日本の歯科界のレベルアップのために、アメリカに行って勉強してきなさい」と、私に大きなチャンスと使命を課してくださった。「愛歯技工専門学校のために」ではなく、「日本の歯科界のために」とおっしゃった先生のスケールの大きさに圧倒された。

鹿毛先生は日本の歯科技工教育の創始者であるとともに、小児まひによる不自由な体で、松葉杖をつきながら厚生省(当時)にお百度を踏み、歯科技工士国家資格制度の創設に尽

桑田青年の足跡[1]

1936年、旧満州・新京にて誕生。

旧・満州国の首都であった新京（現・中国吉林省長春市）で出生。父は、京都帝国大学から、満州の指導者を養成する目的で作られた建国大学に派遣され、農業経済の教授になった。戦時中、父は特別高等警察から治安上の嫌疑を受け逮捕されたが、この時逮捕された3人のうち、ただ一人生き残った。

戦後、引き揚げ。進路を決めるに際し、親戚から愛歯技工専門学校の創設者・鹿毛俊吾先生に引き合わされたことがきっかけで、それまで存在すら知らなかった歯科技工の道へ。建築家への道を期待していた父は激怒し、勘当されたが、当時、愛歯技工専門学校は全寮制だったため、「食いつなぐ」という意味でも助かった。

愛歯技工専門学校卒業後は母校の臨床現場で指導に当たっていたが、1962年に学校からアメリカに派遣された。

渡米前、1959年ころ。剣道二段の腕前。

1962年、アメリカ渡航のために初めて取ったパスポート。

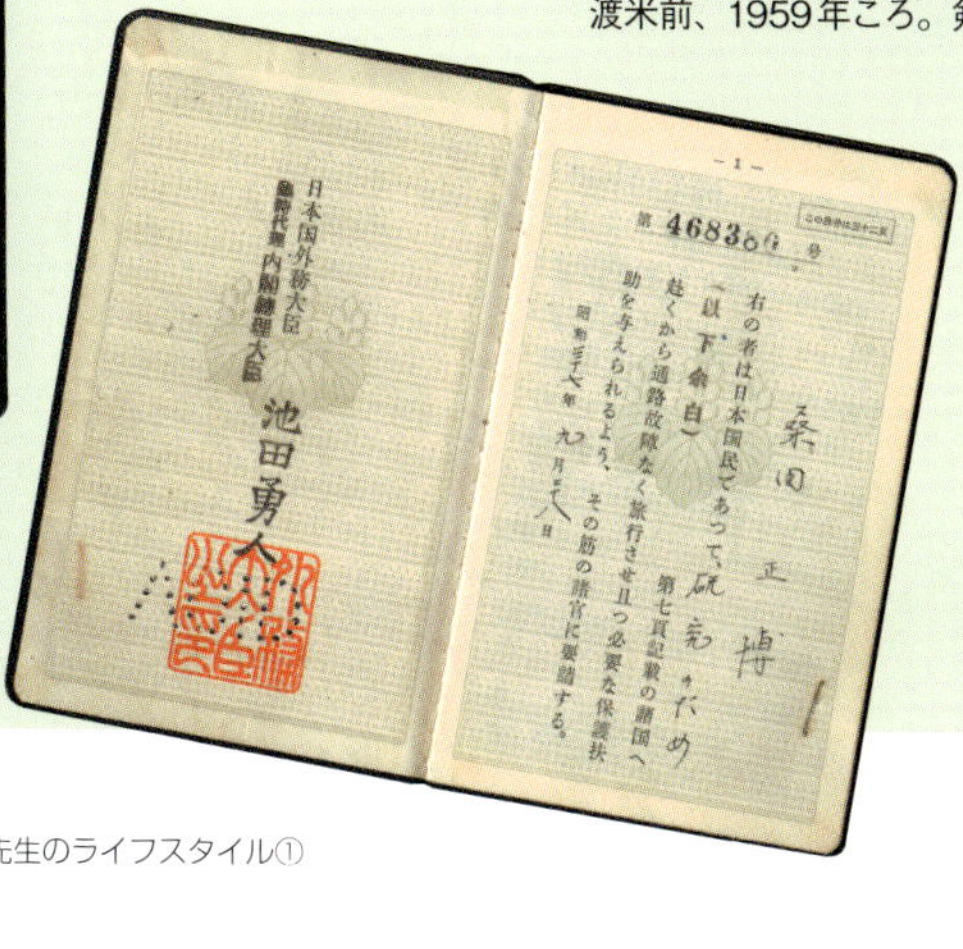

力された方。

先生は私がアメリカに行く年（1962年）に亡くなったが、その時私は、命がけで日本の歯科の発展に取り組むと霊前で誓ったのだ。

座右の銘は？

「3つのM」（無理なく、無駄なく、難しくなく）。

また、これは彫刻家・平櫛田中の受け売りだが、「いまやらねば　いつできる　わしがやらねば　たれがやる」。額を教室に掲げて教え子に伝えている。

最近、さまざまな分野にマニュアルがそろってきたことなどから、工夫がなくなってきたように感じる。何かを求め続けるクリエイティビティが、歯科医療従事者に求められるのではないか。その前提になるのが、平櫛の示す「今やらねば、自分がやらねば」という積極性だと思う。

長所と短所は？

長所は、これまで誰とも喧嘩をしたことがない（と思っている）ところ。短所は、せっかちなところと、自分にできることは他者にも当然できる、と思い込むところ。そのため、スタッフに厳しい傾向があるかもしれない。

宝くじで3億円当たったら？

宝くじを含め、ギャンブルはしないのが建前。ただ、歯科の学会で訪れたラスベガスでは、ワーグマン氏から教わった本場仕込みのブラックジャックを、あらかじめ決めた金額内で遊んだ。

ブラックジャックはかなり厳密に統計的な予測ができるので、「ギャンブル」といえるかどうか定かではない。かなり勝った記憶があるのだが、勝った時のことしか覚えていないだけで、けっこう負けているかも。

いずれにしても、3億円には到底届くものではないので、「当たったら？」という想像もできない。

私の夢

今後の目標や抱負は？

2015年のテーマは健康美に基づく「Esthetic Dentistry」。生物学的機能、生理的機能、そして審美性からなる精神的健康を損なうことのない歯科治療を目指したい。前述したバリ島のプールサイドで思いついた。

生まれ変わっても歯科技工士になりたいと思うか？

歯科技工士としてまだまだやりたいことが山ほどあって間に合わないほど。生まれ変わったら、その続きをしてみたい。

桑田青年の足跡［2］

1962年当時、アメリカに持ち込めたのは150ドルの上限金額に加え、研究費として特に認められた50ドルの計200ドルのみ。切り詰めた生活をしても週に75ドルはかかるため、ニューヨーク仏教会が主催する剣道の道場で助手を務めて日銭を稼ぎながら、研究の道を探った。

そして金属焼付ポーセレン（PFM）に出合い、これを世界に広めるべく講演行脚。アメリカに渡ってわずか3年後の1965年11月には、ストックホルムで7,000人もの聴衆の前でPFMについて話した。

いつしか父にも認められ、英語とドイツ語が堪能な父が、海外の文献を翻訳してくれるようになった。海外のどこにいてもテレックスで送ってくれ、これは父が80代になっても続いた。父のおかげで、どんなに多忙でも最新の情報にキャッチアップでき、いつ、どんな質問が来ても的確に答えることができた。

上／1964年、ニューアーク空港にて。
下／1965年、サンホセにて講演。

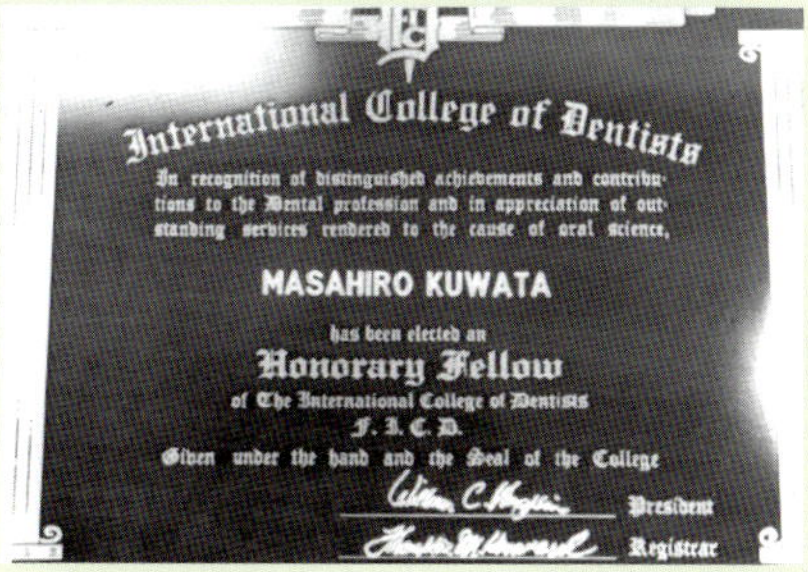

1983年、国際歯科学士会（ICD）の名誉フェローに。

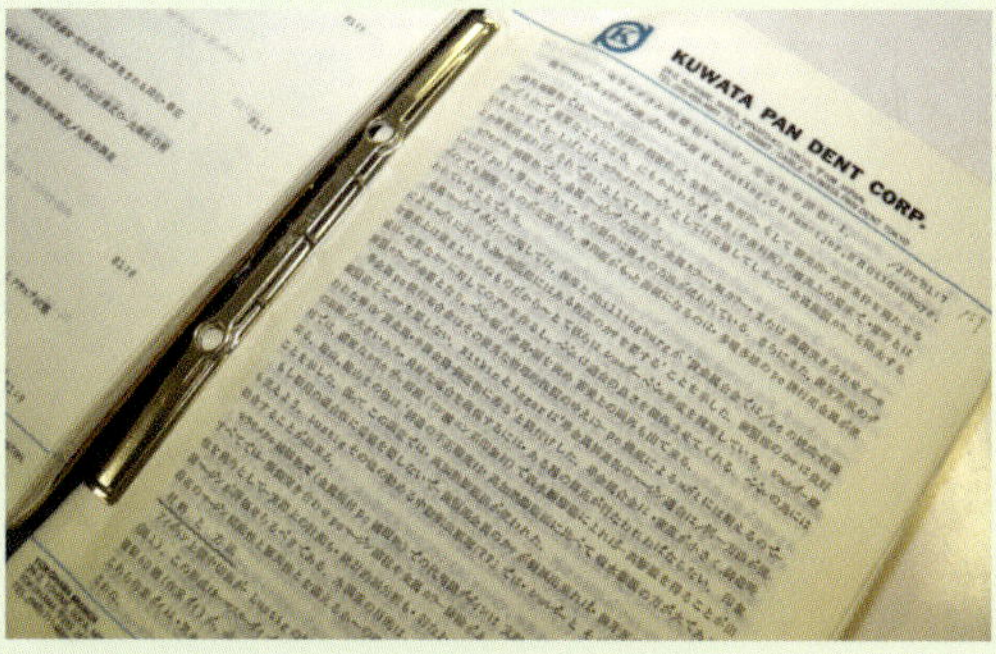

父が翻訳してテレックスで
送ってくれた海外文献。

06

小宮山彌太郎 先生

Komiyama Yataro

ブローネマルク・オッセオインテグレイション・センター 院長
東京都

■資格、所属
東京歯科大学臨床教授、神奈川歯科大学客員教授、昭和大学歯学部客員教授、奥羽大学歯学部客員教授、日本補綴歯科学会元副理事長、同学会指導医。東京歯科大学学会、日本補綴歯科学会、日本口腔インプラント学会AO、EAO、ICP所属。

■診療スタイル
歯科医師3人、歯科衛生士7人（うち非常勤2人）、歯科技工士1人。約91坪の床面積に診療用コンパートメント4室、手術室1室と小規模。開業医、病院、大学からの紹介患者がほとんどで、年齢層は千差万別。診療の中心はインプラント

■生年
1945年

■出身地
終戦直前、疎開先の茨城県で出生。その後、高等学校卒業まで長野市で過ごす

■出身大学
東京歯科大学

生活スタイル

平均睡眠時間は？

約7時間。

好きな時間は？

能天気な人間なので、嫌いな時間はない。強いていえば、自分の好きなことに没頭できる飛行機の中が良い。

欠かさない日課や習慣は？

運動する時間があまり取れないので、通勤はできるだけ歩くように心がけている。かなりの早足で、片道35分くらい。

好きな食べ物・嫌いな食べ物は？

家族の間では「味盲」で通っているくらい、どんなものでもおいしく感じる。

肉でも、魚でも、野菜でも、チーズでも、何でも食べる雑食性。ただし、爬虫類などのいわゆるゲテモノは苦手。

長野育ちなので、小学校の給食にはイナゴの佃煮が出たし、先生に連れられて山で地蜂の巣から幼虫を掘り出して食べたりした。もちろん調理後だが……。でも、似たようなものだろうか。

幼少期から父に仕込まれたせいか、身体の4分の1は寿司で出来ているのではないかといわれるほど、寿司が好き。

好きなお酒は？

ほとんど下戸で、赤ワインをグラス1杯が限界。代わりにハイオク・ガソリンは人一倍飲む方かもしれない(笑)。

私はこんな人

趣味は？

趣味のためになかなか時間を作れないのが悩み。広く浅くといえるかもしれない。

昔は、名もないような野草のクローズアップ写真を撮ったりしていた。カメラの性能が上がり、またデジタルの時代になり楽になったが、撮影の機会は減ってしまった。でも、人間が旧いもので、やはり銀塩が好き。長野の田舎育ちなのに、蛇が嫌いなので、野山で撮影する際は、まず棒を探して、周囲の草むらを叩いている。

また、好奇心が強いこともあり、旅行は好き。

多くの方々からひんしゅくを買っていることだが、合法的には14歳（当時）から乗り始めた（非合法では◯

富士山周回のツーリング（2010年5月）。

歳から……）バイクと縁が切れない。特に恩師である故ブローネマルク教授からは、電話口に出た娘に、「ハンマーでバイクを壊してこい」などと、知的とは思えない言葉を投げかけられた。まさに悪女の深情けのような関係であろう。

親から懇願されたこともあり、それ以上にセンスがないことも要因だったのか、レースにのめり込むことはなかった。それでも幾多の危ない目に遭ってきたが、後ろに乗せた娘と宙を舞って以来、この20年ほどは大きな事故は起こしていない。

時間的な制約でなかなか乗る時間がないことも一因かもしれないが、最近老化による反応の低下を自覚している。

好きな洋服、時計などは？

全く無頓着で特になし。高価な、いわゆるブランド品を身に着けても

私のアルバム[1]

初めての三輪車。従姉とともに。善光寺の境内にて(1947年夏)。

能「百萬」の子方を演じる。シテ方は父親。長野市市民会館にて(1954年5月)。

歯科補綴学第三講座医局員集合写真。中段中央が故関根弘教授。水道橋旧校舎屋上にて(1977年)。

トロントにおける第3回ICPで、吉田大学院生が発表する前日、彼には気の毒だったが観光。左から小宮山、故関根教授、五味院生、吉田院生。ナイアガラの滝にて（1989年7月）。

年寄りを説教しているなんて、滅相もない！ 故ブローネマルク教授の別荘にて（2002年7月）。

似合わない人間であることを十分に自覚しているので……。強いていえば国際的に知られたものに弱いのか、昔は無印良品、今はユニクロが大好き。理由としては、安くて高品質だから。

乗っている車は？

子どものころの性格をいまだに引きずっているため、乗り物は大好き。多用しているのは1986年製のメルセデス・ベンツ230TEで、29年を超えた。ABSなし、エアバッグなし、SOHCの4気筒、2300cc。

たまに手がかかることもあるが、これも悪女の深情けの一例か、優柔不断なため、なかなか縁を切ることができない。その典型が1950年製の女房。こちらはかなりメンテナンス・フリーだが……。

私のアルバム［2］

留学中の夏休み。家族3人でヨーロッパ大陸を約1万km走破。オーストリアの森での昼食(1981年7月)。

学生時代から20年間愛用したフォルクスワーゲン。先輩のご子息と。名古屋市にて(1970年7月)。

好きな旅行先は？

例として挙げては叱られるかもしれないが、ラスベガスのような派手派手の場所は苦手。

好きなのは静かな所で、慣れているせいもあるのかスウェーデンが好き。南フランスのプロヴァンスの片田舎を車で巡るのも楽しい。景色だけでなく、おいしい食事も楽しめる(味盲だった！)。

定宿は？

特になし。〝いつでも、どこでも、誰とでも寝られる〟のが特技(これは、ワシントン大学歯学部のワージントン名誉教授からの受け売り)。

パワースポットは？

何かの折には、神様、仏様、イエス様と何にでも頼るところがあるが、信心深くはなく、加えて鈍い人間のせいか、あまりパワーを感じる場所を見付けられないでいる。

読書は？

専門書はいろいろ読むが、一般的な図書に関しては少なく、月1冊くらいだろうか。

印象に残った本は？

高校時代に読んだ、志賀直哉の『城の崎にて』。読む年代によって見方が変わってくる。

座右の銘は？

60年前に母親から諭された「人間万事塞翁が馬」。

尊敬する人は？

教育の大切さを教えてくださった、中学校の担任の故池田先生。

歯学の面白さを教えてくださった、大学の恩師である故上條先生、故関根先生。

インプラントだけではなく、生き方全てに大きな影響を与えてくださった、故ブローネマルク先生。

学びのために実践していることは？

何歳になろうが、講師が年下であろうが、興味があり、学びたいコースには参加したいと考えている。

仕事関係以外に属しているグループは？

アークヒルズ・クラブ。異業種の方々のお話を聞くことができる。

長所と短所は？

性善説を信じて生きてきた。それが長所でもあり、短所として騙されることも経験してきた。

仲の良い友人の特徴は？

比較的にもの静かな人が多いと思うが、もちろん中には基準を大きく外れた、にぎやかな方もいらっしゃる。

苦手な人のタイプは？

年を取ったら物事を深く考えないようになったせいか、大体順応する。

宝くじで3億円当たったら？

買わなければ、当たりもしませんね。

子どものころに熱中したことは？

数知れず。

つらかった思い出は？

もちろん、いろいろ嫌なこともあったはずだが、上を見たらキリがない。でも「運が良かった」、そして「良い人生であった」と考えるようにしている。

今まで成し遂げたことで意義深いと感じていることは？

勉強会(Club 22)などで、私の真意を汲み取ってくださる方が育っていることだろうか。

私の夢

家族やスタッフへのメッセージ

家庭もしかり、職場もしかり、自分一人でできることには限界がある。良きパートナーに恵まれることにより、相乗効果でより好ましい結果が得られると考えており、感謝している。

若人に託したいこと

誰にでも夢があり、その実現に向かって進むことにより、その人生は豊かなものになる。しかしながら、医療従事者としてのモラルをかなぐり捨てた行動は、必ず見透かされる。

われわれが対象としているのは、感情を備えた生体組織であることを常に念頭に置いて接していただきたい。感情を備えているということは、患者さんに歯科医師としての誠意を持って対応すれば、必ず感謝され、評価されるのに対して、それを忘れた場合には失望させる要因になるということ。

２０１４年、一老歯科医師の目を通しての願望を『埋み火』(グレードル社)としてまとめた。興味がある方はご一読いただきたい。

『埋み火』(グレードル社)。

今後の目標や抱負

『遺言』(デンタルダイヤモンド社)も書き終えた。誰しも順風満帆な人生を送ることができるわけではない。その波を結んでいった線が上向きになって生涯を閉じることができれば、良い人生であったといえる。そのようになりたいものだと思う。

生まれ変わっても歯科医師になりたいと思うか？

何年たっても患者さんから喜んでいただける職業である、歯科医師になりたいと思う。現在の組織を大切にする知識と技術を生かせるならば、骨組織をいじる整形外科医にも魅力を感じる。

07

近藤隆一

Kondo
Ryuichi

先生

医療法人デントゾーン 近藤歯科 院長
東京都

■資格、所属
Leading Dentists Associationチェアマン、American Society for Dental Aesthetics会員・フェロー・理事、American Dental Association（米国歯科医師会）会員、International Academy of Dental Facial Estheticsフェロー、日本歯科審美学会理事・代議員、日本歯科大学生命歯学部非常勤講師

■診療スタイル
非常勤ドクターを含めて総勢9人。最優先に掲げる診療スタイルは「必要な心遣いをさりげなく」。「患者様」という言い方は厳禁で、個人名を使用している

■生年
1948年

■出身地
東京都

■出身大学
日本歯科大学

母と妹とともに、ヤナセ「VWビートル」のCMに出演（新聞・雑誌用、1973年）。車のイメージに合うVWユーザーという理由で選ばれたらしい。（カメラマン：長濱治）

まず、近藤像を自己分析すると、「一つ一つがほとんど自己流」。お手本をなぞるよりも白紙から始めたい性格なので、あたかもジャイロスコープのように自力で軌道修正データを探し出すものの、時には思わぬ障害にクラッシュする羽目に陥る。

生活スタイル

平均睡眠時間は？

規則正しい生活をしているわけではないので、一日単位とすると記載しにくい。だが、睡眠時間の帳尻は合わせるようにしているため、週55～60時間というところ。

年齢の割にはよく眠るように思うが、睡眠も趣味の一つ。快眠を心掛け、寝方にも独自のアイデアを実行している。どのようなアイデアかを簡単に説明するのは困難だが、脊椎や腰に負担をかけないように寝具類をセットして寝ている。理想は無重力なのだが……。

好きな時間は？

まずは睡眠。次に好むのは、何かに集中している時間（仕事もここに属する）。

しかし明確に回答できるのは苦手な時間で、「ドヨーンと表現されるような、マッタリした時間」。これは老け込む元凶と認識している。

欠かさない日課や習慣は？

何といってもフィジカル・エクササイズ。スポーツ選手用のトレーニング施設しか存在しなかった時代に、クラークハッチ・フィジカル・フィットネスセンターに通い始めた。25歳の時から開始したので、かれこれ41年間、週3、4回のペースを守っている。

エクササイズという身体管理が珍しかった時代なので、「近藤はボディービルダーを目指してるらしいぜ」などと言われたことがある。雑誌『Tarzan』に掲載されるようなことは一通りこなし、かなりの金額を費やしてきたが、それ以上に価値のある「健康体」を手に入れることができた。

というわけで、健康保険料は払い込むだけで、使用する機会は極めてまれで無駄な経費に近い。正直に告白すると、ジョギングは向いておらず、ほとんど実行していない。

好きな食べ物は？

のっけから2通りに分けさせてもらう。それは「味覚的に好きな食べ物」と「実際に選んで食べる物」が異なるということだ。

前述のクラークハッチで学んだのが「ローカロリー・ハイエナジー」。そして今も、健康雑誌などで常識化している方法を実践している。特に最近は「4つのア（アルコール、アマイモノ、アブラモノ、アゲモノ）」を回避する食生活をしており、なるべく魚・野菜・根菜類を取るように心がけている。これは仲良しの皮膚科のドクターに教えていただいた知恵。

もし好きなものを無制限に食べていいなら、お肉と適度な甘さのスウィーツは毎日食べても飽きないと思う。ポピュラーな質問遊びとして、「死ぬ前に一つだけ食べることが叶うなら？」というものがあるが、私の答えは「おいしい果物」。果物は季節ごとに旬のものが異なるので、これと指定はしない。海外に行くと、真っ先に買いに行くのは果物だ。

昔はまずタバコ屋。見たことのないタバコを10～20種類買い集め、片っ端から嗜好に合う・合わないを仕分けするのが楽しみだった（今は禁煙党）。

行きつけのお店は？

「行きつけのお店」とは、たぶん和食料理店やレストラン、あるいは『東京カレンダー』などに出てくるような店を指すのだろうが、特にない。「絶対ありそう、隠れ家を教えろ」などと言われるが、気の合う人と過ごせるような空間がある場所に気ままに向かうだけ。ただし酒は飲まないし、飲めない。

また、何度も通ううちに客との距離感を縮めてくるような店は面倒だし、その辺りの機微を感じさせる小洒落た店は、おいそれと行ける価格設定でもない。という状況解説だけで、回答なし。

ニューヨークのアップタウンにある専門店で購入したローマングラス。

私はこんな人

趣味は？

ある雑誌に書いたが、とにかく飽きっぽい。「熱しやすく冷めやすい」というよりも、「温かくなる段階で、沸点に達したような気になる」悪い習性がある。要は「飛びついて、すぐに放り出す」。

その事実に気付いてからは、1年ごとに趣味を変えることにしている。例えば、バルナック型ライカの収集と修理、そして翌年は数百年前に交易品として作られたアンティークビーズの収集などとなる。

収集する物の共通のキーワードは「古い物」。診療器材は新しがり屋なので、その反動かもしれないが、使われていた痕跡の残る品々に愛着が湧く。飽きずに続けているコレクションは、西暦200～400年ころのガラス製品である「ローマングラス」で、15点くらい保有している（ちなみに、正倉院の御物とされる白瑠璃碗はペルシャ由来のガラスだが、広義には同じジャンルとされる）。特に砂漠地帯から掘り出されたガラスは変色して、反射光がパティーナと呼ばれる虹色となり魅力的である。

服や時計などの好みは？

「きれいだし、高品質だし、うらやましいと思わせるにはうってつけの品々」＝いわゆるブランド物は、どういうわけか、ほとんど購入したことがない。若い時にオシャレの達人から受けた、「高価なブランド物を身に着けるとしたら1点だけにしなさい」というご託宣が鉄則になってしまった。

いずれにせよ、これら装飾・アクセサリー類は「人間の包装紙」と認識しているので、包装の素材が自分自身よりも高価に見えたら本末転倒になってしまう。肌身離さずではないが、ブランド品としてこだわるのは、次に述べる車くらい。

乗っている車は?

ＢＭＷ６５０ｉコンバーチブル２０１１年モデル。メタリックグレーのボディーにトップはブラック。

もともと、24年間Jaguarを乗り継いできたが、デザインが劣悪になってきたため、ＢＭＷユーザーに宗旨替えした。もし、最も欲しい車種はと尋ねられたら、６Ｖバッテリー搭載車を運転していたこともあるＶＷビートル。

好きな旅行先は?

国内旅行で感動したことは少ないので、海外旅行の方が好み。また、自然満喫派ではないので景色や建造物を見てウットリというよりも、ピープルウォッチングや歴史・文化を観察したりする方が楽しい。

例えば、グランドキャニオンに行った後、「壮大な地球誕生からのドラマが一望できた」感動よりも、「ナバホ・コード」についてのマニアックな解説書を買わなかったことが、心残りになっている。ちなみに、「ナバホ・コード」とは太平洋戦争中に日本軍が解読できなかった暗号の一つで、ナバホ族の言葉がベースとなっている。

パワースポットは?

「ゼルダの伝説」に設定されているような、ラッキーアイテムを獲得できる特定の場所はない。しかし、60歳を超えてから実践しているのは、強いマイナスオーラを発するブラックホールのような御仁とは付き合わないということ。自分は神様でもないのにブラックホールの御仁を救おうとすること自体に無理があったと、数年前に気付いた。

読書は?

月に数冊で、適当に同時進行読書。

印象に残った本は?

幼稚園の運動会にて、父とともに(1954年)。

フリーメイソンのOrder of Demolay Tokyo Chapter（青少年用の団体）で総長を務めていた際の記念行事（左から2人目、1969年ころ）。旧山王ホテルは在日米軍用の施設だったため、バンケットルームの内装はタイルで描かれた富士山だった。

少年のころに読んだジュール・ベルヌ、大人になって読んだ竹内久美子。文学的要素よりも、着眼点に優れた書籍の方が印象的である。

座右の銘は？

「鬼手仏心」。

尊敬する人は？

近藤元（父）。歯科医師としてのプロ意識を叩き込まれた。一般的な言い方だが、背中を見るがごとく学ばせてもらった。

麻生花児（画家）。LDAの同僚理事である豊山洋輔先生の叔父。小学生のころから、人生の楽しみ方、考える原理を教えてもらった。

橋本嘉夫（建築家）。物事に関する観察力、一点から見つめるのではなく、周囲を回りながら覗き見することが肝心だということを教えてもらった。

仕事関係以外に属しているグループは?

フリーメイソン(TOKYO LODGE No.2とThe Order of DeMolay)。フリーメイソンは秘密結社の代名詞のような団体と思われがちだが、時代や国により異なるものの、基本的には超エリート集団。ちなみに、ニューヨークの自由の女神像は、アメリカ独立を記念してフランスからニューヨークのフリーメイソンのLODGEに寄贈されたモニュメント。

日本では明治維新のころ、横浜で最初に西洋式歯科診療所を開設したイーストレーキは、YOKOHAMA LODGEのメンバー。というよりも、入会が目的で来日したといわれる。他にも、ダグラス・マッカーサーや鳩山一郎、東久邇宮親王も所属していた。

参加し始めたのは高校生のころ。当時、海外旅行は親戚やら社員一同やらが羽田に見送りに行く一大イベントであり、海外という言葉だけでも凄味のあった時代だった。

そんな状況下で、フリーメイソンは外国人居留地のような場所であり、言葉だけでなく、会議の運営方法やエンターテイメントプランの立て方など、何から何まで未体験の異次元空間だった。

観光で訪れる米国などではなく、米国民として生活するようなここの体験が、歯科医師になってからもプラスに作用したのだ。「フリーメイソンが私を作り出してくれた」のかもしれない。

自分の原点は?

この企画に参加したことから、思いがけなく自分のさまざまな転機を顧みる機会が得られた。だが過去を懐かしむわけではなく、「判断が必要とされる場合の方向指針、あるいは異次元的な提示」が現在に至る道筋を示してくれたことに感謝した次第で、さらに数十年間埋没していた写真も発掘できた。

その貴重な一枚がこれ(右写真)。テンプル教会(元テンプル騎士団本部、現在イギリス法曹院)を目指して渡英した際のもの。カトリーヌ・

カトリーヌ・ドヌーブ(前列)とともに。後列左より、筆者、安井かずみ、かまやつひろし、加瀬邦彦(1973年)。

ドヌーブさんは除くが、ロンドン滞在中は音楽界の売れっ子たちと数日間同行したことで、ディープなロンドンに触れることができただけでなく、さまざまな刺激を受けた。

例えば、骨董屋が仕入れを行うアンティーク市に行ったことからアンティークが趣味となったこと、滞在中に第一次オイルショックが起こり、夜更けにレンタカーがガス欠を起こして拙い英語でサバイバルした体験、超大物ロッド・ステュアートは気軽に話せる人物だったことから謙虚さはいいなと思ったこと等々。転機というか、原点は大切だ。

私の夢

息子へのメッセージ

次世代というか、一番伝えなくてはならない後継者の近藤圭に3言。

「視野を広くして選択肢を増やしてから、どれにするかを判断しよう」。

「他人から指摘される前に、自分で修正する能力を身に付けよう。日ごろの心がけが重要」。

「オタマジャクシから蛙になっただけで天下を取った気になるべからず。蛙にも王様はいる」。

生まれ変わっても歯科医師になりたいと思うか?

祖父の代から連綿と続いている職業と考えると、すでに100年は経過するはずだ。そのような環境の下、歯科医師を選択して現在に至るが、動機は「周りが喜ぶだろう」という思いが中心だったため、無理がたたった。我に返って自分自身を軸に考えれば、「創造的な仕事ではない」という嫌悪感から、息苦しさを覚えた期間が長かった。

歯科医師としてやりがいが出てきたのは、審美歯科に出合ってからのこと。要は、好きといえるまでに時間が必要だったということだ。

というわけで、歯科医師を生まれ変わった場合の選択肢にはしない。むしろ最初に除外する。では選びたい職業はというと、「今から決めたくない」かなー。

息子とともに。次世代の院長となるべく、期待を込めて……。

鈴木純一 先生

Suzuki Junji

医療法人スワン会 スワン歯科 理事長
東京都ほか

■資格、所属
ケアマネージャー、歯学博士。AO、日本口腔外科学会、日本口腔ケア学会、臨床口腔病理学会ほか所属

■診療スタイル
「ゆりかごからターミナルケアまで」をモットーとした総合歯科。東京、名古屋に7医院を展開。合計ユニット57台、スタッフ150人。インプラント埋入実績2万本、矯正持ち患者数1300人

■生年
1956年

■出身地
愛知県

■出身大学
愛知学院歯学部

生活スタイル

平均睡眠時間は？

約6時間。よく寝ないともたない。

好きな時間は？

朝の爽やかな朝礼の時間。やるぞというスタッフの気持ちが伝わってくる。朝の気合いは重要。

欠かさない日課や習慣は？

毎朝のラジオ体操。録画して朝食後に行う。大のお勧め。週1回の加圧トレーニングも頑張っている。やはり歯科医師は体力勝負のところがあるので。

好きな食べ物・嫌いな食べ物は？

日本特有のおいしい魚介類、熟成した赤身肉、季節の野菜が好き。嫌いなものはないが、糖質は控え目にしている。朝は豆腐とヨーグルトのみ、昼はサラダなので、夜はそこそこの量をいただく。

行きつけのお店は？

熟成肉の「中勢以」。寿司屋は銀座の「青空」か目黒の「回し寿司 活 美登利」。名古屋では味噌煮込みの「山本屋」。ロサンゼルスなら「Seafood Club」。

好きなお酒は？

ワインと麦焼酎。週1日は休肝日にしていて、かつてのような痛飲はしない。でも、休日前はワイン1本くらいは開ける。

私はこんな人

趣味は？

健康と親睦のためのゴルフ。ただ下手なので、一緒にラウンドする人

名古屋ゴルフ倶楽部和合コースで旭丘高校OBのメンバーコンペ。中日クラウンズの直前だった。高齢者の多いコースなので、先輩たちとフランクに世間話ができるいい機会。

には「ゴルフは下手だが治療は大丈夫」といつも言い訳している。

服や時計などの好みは？

　人はやはり外見で評価されることもあるので、装いには気を使っている。長く着用する良いものと、スーツなど形の変化が如実なものとに分け、後者はほどほどのものをセレクトショップで定期的に購入している。また、「おしゃれは足元から」ということで、靴とその管理を大切にしている。勝負靴もあるが、知人の「目立たぬように」というアドバイスを心に留め、奇抜なものは控えている。

　時計は父の形見のパテック フィリップの白金の『カラトラバ』を大事にしているが、普段は気を使わないステンレス製の地味なものを使用している。

パテック フィリップの『カラトラバ』は父の形見。

乗っている車は？

　トヨタ・レクサスＧＳ４５０。以前は外国車だったが、成熟してきたレクサスのブランドに興味があり購入した。トヨタのハイブリッドは素晴らしい。燃費の無駄がなく、エネルギーの効率利用が良い。次は５年くらい先に更新する予定だが、燃料電池車ＭＩＲＡＩのレクサス仕様が出来たらぜひ乗ってみたい。

　また、名古屋駅のＪＲセントラ

現在の愛車はトヨタ・レクサスGS450。

ルタワーズでも診療しているので、２０２７年のリニア新幹線開通には胸が躍る。

好きな旅行先は？

ロサンゼルス。家を購入し、家族とともに10年以上住んでいたので、第二の故郷という気がする。

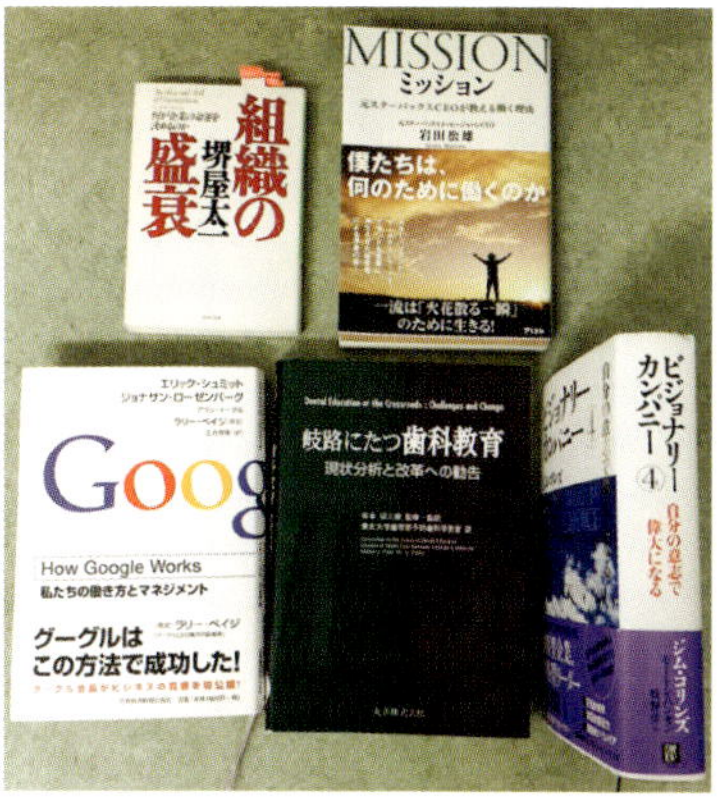

最近感銘を受けた本。

読書は？

経営管理人事の成書を月に最低10冊は読むようにしている。医院の近くに書店が多く、週1回は必ず寄る。歯科医師向けの経営・管理の講演会の依頼を受けることも多いが、これらの読書がその源になっている。また、読んだら実行するようにしている。

ドラッカーとそれを継承するコリンズの冷静かつ客観的な経営理論は大変参考になる。ビスマルクの語る「賢者は歴史に学び、愚者は体験に学ぶ」ですね。

印象に残った本は？

『ミッション―元スターバックスCEOが教える働く理由』（アスコム）は、ここ数年で一番良かった。著者の岩田松雄氏はUCLAのMBAアンダーソンのOBで、当院のOBも現在そちらで学んでいる。歯科医師も何のために仕事をするかを明確化すると楽しい。

座右の銘は？

医療においては「準備が万事」「後工程はお客さま」。人生においては「禍福は糾える縄の如し」（漢書より）。

尊敬する人は？

大学院の恩師・亀山洋一郎先生。先生が大学院を休学してまで学んだ、米国・アラバマ大学での日本人初の歯周病大学院時代の経験、大学院修了後のカナダでの7年間の現地教育者としての経験から、世界を見る重要性を教えていただいた。現在も医療法人の顧問をお願いしている。私も大学院1年生の時はよく叱られた。

経営者としては、ヤマト運輸を今日まで育てた小倉昌男さん。その高

UCLAでともに学んだ仲間たち。

ブローネマルク教授と（1994年）。

い志、清廉潔白な人柄、一線を退いた後に障がい者の生活向上のために立ち上げたスワンベーカリーの活動など、もっと歯科医師にも知ってもらいたい。

学びのために実践していることは？

　大学院では基礎医学である病理で学んだ。特にコントロール（標準）の重要性を知り、そこで真実を見る目が少しできたかなと思う。眼科医である弟もジョンズ・ホプキンス大学で学び、従兄弟たちもＮＩＨで学んでいる。私もＵＣＬＡで学ぶことができ、本当に学ぶ環境に恵まれた。その学んだ内容をいかに社会に還元するかが重要だと思っている。治療は自然科学、経営管理は社会科学なので、後者を学ぶことも重視している。

　また、今後発展していく技術を常に積極的に取り入れるようにしてい

青年時代の学び

1989年、初めて海外で学んだのがNYU。当時はインプラント症例も少なく、バートンランガー先生のオフィスでオペ、スマイゲル先生の所でPLVを学んだりした。

その後、長くお世話になるUCLAに移動。恩師ビューマー、モイ両先生にめぐり会う。当時一緒に学んだ仲間であるアルーンはUCSF、ステファンはルント大学の教授になり、ラッソーはAOの副理事長になった。

2014年12月20日に亡くなったブローネマルク教授には、国内やスウェーデンで何度もお会いできた。

左／1989年6月、ニューヨークのNYUに留学。
右／同年10月、UCLAに移動。

UCLAのビューマー先生と（1990年）。

る。インプラントと矯正歯科はアメリカで普及しているものを早期に取り入れ、広報に注力した。

さらに、歯科医院は労働集約型産業なので、とにかく「人を大切にする・育てる・長期勤務してもらう」ことが大事だと思う。

長所と短所は？

コミュニケーションには自信があるので誰とでも仲良くなれる。

短所はせっかちで、常に行動の無駄を嫌い、生産性を追求しすぎるところ。

仲の良い友人の特徴は？

小さな集団で群れて満足するのではなく、大きな夢やミッションを持っている人。

苦手な人のタイプは？

苦手な人を作らないようにしてい

25年間続けているQC（クオリティ コントロール）大会は、専門分野における品質管理・改善のための研究発表会。年に1回行っている。

る。自分が嫌いだと思えば向こうも嫌いだと感じると思うので。

宝くじで3億円当たったら?

1億円は福祉に寄付、1億円を頑張ってくれているスワン会のスタッフに分配、残り1億円を世界旅行でパーッと使い果たしたい。

子どものころ熱中したことは?

家の庭に基地を作り、『15少年漂流記』のまねをすること。漂流した少年たちが、困難に負けず狩りをしたり探検したりするのに心ときめいた。

そしてさらにカブスカウト、ボーイスカウトに入った。

うれしかった思い出は?

スワン会が、東洋経済新報社による日本の歯科医療法人の法人所得で日本一になったこと。

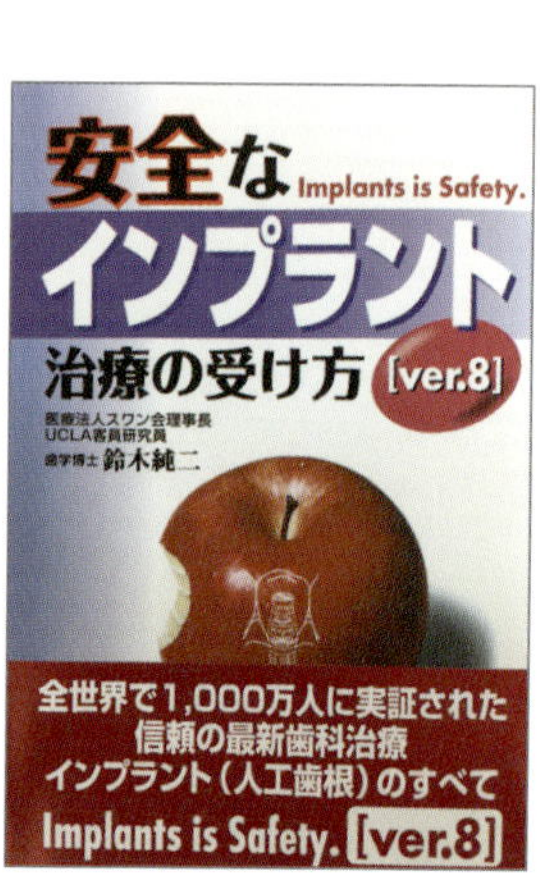

左／『見えない矯正「インビザライン」』（千田典史と共著、桐書房）。
右／『安全なインプラント治療の受け方 ver.8』（桐書房）。

つらかった思い出は？

子どもの教育のための、10年に及ぶアメリカでのビザ取得。

私の夢

家族やスタッフへのメッセージ

継続は力なりと言う。いつか歯科医師の最前線から退かなければならない日は来る。そのときにスワン会がより良い医療法人として継続し、患者さんとスタッフが安心できる組織であってほしい。そのためにも後継者たちを育てていきたい。

今後の目標や抱負は？

自分が教育を受けたことによって多くを知り目覚めたように、歯科医師の卒後教育には30年近く力を入れてきた。Eラーニング等のいろいろなシステムはまだ道半ばだが、今後もウェアラブルコンピューターの導入なども含め、新しい取り組みを進めていきたい。

臨床的には、インプラント、アライナー矯正においては日本有数の症例を経験してきた。今後も、もちろんこの2つも伸ばしていきたいが、加えて医科歯科の連携を含め、口腔ケアと摂食嚥下の部門に注力したいと考えている。

世界一の高齢社会になろうとしている我が国において、高齢者の健康と生活におけるQOLを維持し、現役世代の負担を抑えていきたい。

さらに、デジタル化や人工頭脳の活用などには高額投資が必要になるが、大規模医療法人としてそれらの先陣を切っていくべきであると考えている。

生まれ変わっても歯科医師になりたいと思うか？

実は、親兄弟や親戚はほぼ東大か七帝大の医学部卒で、私も愛知県のナンバースクールに通学していた。そのため、歯科医師になるときは家族から反対されたが、卒後35年近く経過した現在、自分が納得のいく仕事ができていると思う。幸い、家族からもある程度評価されているようだ。

ぜひ次も歯科医師の人生を歩みたいと思うが、できればその際はもっと早く世界に目覚め、大学時代から海外で学ぶ機会を持てたらと思う。

09

住友雅人

Sumitomo Masahito

先生

日本歯科医学会会長

■**資格、所属**

日本歯科大学名誉教授、日本歯科医学教育学会名誉会員、日本歯科麻酔学会名誉会員。日本歯科医学会、日本歯科医師会、東京都歯科医師会、麹町歯科医師会所属

■**生年**

1944年

■**出身地**

徳島県

■**出身大学**

日本歯科大学

趣味のアマチュア無線。

生活スタイル

平均睡眠時間は？

ベッドでおよそ3時間＋そこかしこでうたた寝2時間余り。

好きな時間は？

午前の早い時間帯。寝起きは頭が冴えているが、時間の経過とともに頭が働かなくなる。附属病院長・学部長時代は、多くの会議を「早朝会議」に変更した。

欠かさない日課や習慣は？

時間が取れれば、愛犬（犬種：ウィペット）と朝夕1時間程度の散歩。ドッグレース用の犬種なので、歩くよりも走りたがる。併走する私の方はすぐに息が上がる。

好きな食べ物・嫌いな食べ物は？

好きなものは果物と甘味。嫌いなものは人参。

好きなお酒は？

赤ワインはフランスのフルボディ、スパークリングワインはイタリア、とりわけベネト州のプロセッコ。

行きつけのお店は？

四谷荒木町の「桃太郎」だったが、店主が亡くなったため、現在はなし。神楽坂にお気に入りは数軒あるが、「行きつけ」とは思っていない。

私はこんな人

趣味は？

アマチュア無線。55年以上、命と多くの時間と資金をかけてきた。自分が発する電波と地球上の他局からの電波が電離層を介して交信する。

地球の自転とそれに伴う伝播地域の変化、太陽の活動やオーロラなどの状況を頭の中で巡らせながら手元のダイヤルを回している時が、限りなく楽しい。その積み重ねに、自分の宇宙的感覚が養われてきたように感じる。おかげで今では、世界中のあらゆる地域に、さまざまな階層の友人がいる。

もともとは、「アマチュア無線技術士」というライセンス名の通り、交信よりも、通信機やもう一つの趣味であるオーディオアンプの製作に力を注いできた。最近は「通信士」に甘んじている。

乗っている車は？

ミニクーパークラブマンS。いつも犬が乗りやすい車種を選んでいる。ディーラーで試乗する時に犬も同乗させると言うと、セールスマンが困った顔をする。

好きな旅行先は？

ヨーロッパ。慣れているせいかな。

パワースポットは？

学生時代は、大都会東京。郷里の徳島から時間をかけて上京し、並び立つビル群を見た時、力が湧いてくるのを感じた。その後それは、海外に飛び立つ成田国際空港の出発ロビーに変わった。

今は分科会懇談会の席。歯科界活性化を語る場に臨む時、今の自分のミッションを感じる。

犬と散歩している時に、山の端から昇る太陽を眺める特別な場所は、癒しのパワースポットといえる。

読書は？

昔から濫読。通勤往復3時間の電車中での読書で、多い時は3日に一冊のペースだったが、今はひと月に一冊ぐらいの本と、多くの印刷物を読む。

印象に残った本は？

『ニヒリスト—辻潤の思想と生涯』(松尾邦之助、オリオン出版社)。この本で、究極のニヒリストである辻潤に出会った。学生時代はニヒリズムに浸っていたが、今は全くの軽佻浮薄人生。

疾走する愛犬。名前は風（フー）。

私の趣味［1］　無線

20歳ころのシャック（無線室）。
徳島県の自宅。

学生時代のシャック。荻窪の四畳半の下宿。

2008年ごろのシャック。現住所の旧家。

上／現在使っているアンテナ。使用時は水平にする。
下／自宅地下に埋めこんだアース。接地抵抗1.75Ω!

私の趣味［2］　オーディオ

左／オーディオコーナー前面。スピーカーはモノラルの壁バッフル。
右／壁バッフル・スピーカー背面（寝室）。自作の真空管アンプ群。

座右の銘は？

昔は「勘とハッタリ」。今は「死んで花実が咲くものか」。

尊敬する人は？

フィンランド・トゥルク大学元学長の故アリエ・シェイニン先生。フィンランドで最初の歯学部（科）日本人長期留学者としての私を快く受け入れてくださり、公私にわたり多くのことを教えてくださった、正に人生の師である。

１９８０年のロンドン留学時代、次の留学先として申請していたフィンランドのヘルシンキ大学歯学部（科）から回答がなかったので、トゥルク大学に出したところ、すぐに許可が出た。全く未知の場所に家族を連れて飛び込んだが、シェイニン歯学部長（当時）を筆頭に、多くの先生に手厚く迎えられ、非常に充実した留学生活を送ることができた。

学びのために実践していることは？

アンテナを高くして情報を入れ、情報のつながりを考え、オリジナルのシナリオを作ること。

仕事関係以外に属しているグループは？

トップ・ガン・クラブ（TGC）。

第1級アマチュア無線技術士で、無線局の免許が国内最大の出力を許可されている人たちの集まり。現在、会員数は全国で73人。いろいろな職種の方がいるが、発想やこだわりが

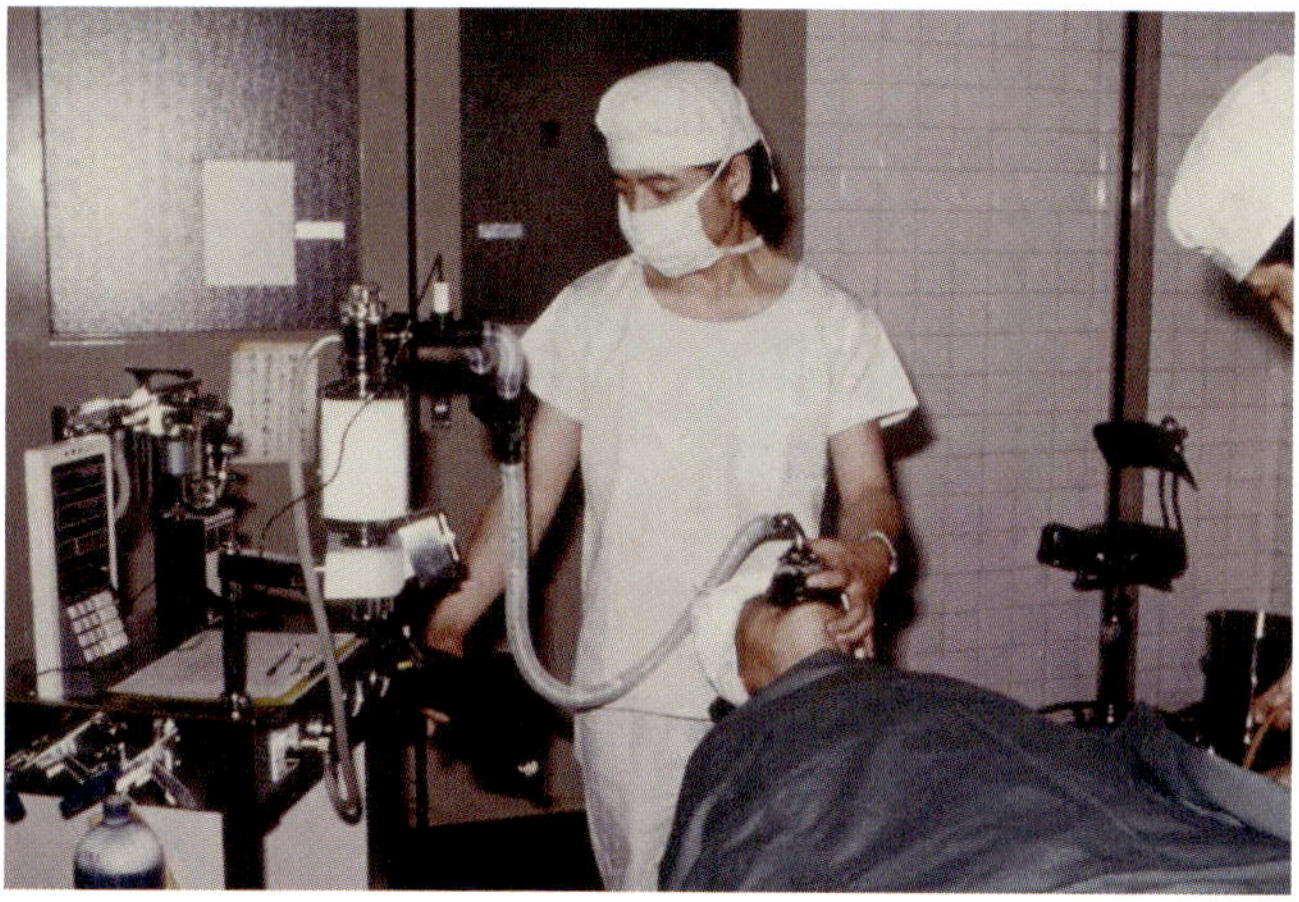

上／当時最先端のコンピューター・コントロールによる全身麻酔器を開発。1980年代前半。

中／尊敬するシェイニン先生（中央）と同僚のルオスタリネン先生（左）と私。1981年、トゥルク大学の研究室にて。

下／フィンランド留学中によく招かれたアロラ先生宅。1981年。

小学2年生のころから野球に熱中していた。
キャッチャーは、徳島に巡業に来ていた大相撲元大関の北葉山(当時幕下)。

個性的で、活力をもらうことができる。

長所と短所は?

長所は超いいかげんなところ。短所は超真面目なところ。

仲の良い友人の特徴は?

切れ味の鋭い人。

苦手な人のタイプは?

誠意のない人。

宝くじで3億円当たったら?

スロベニアを生活の拠点として、ヨーロッパの国々を訪れる。

子どものころに熱中したことは?

野球と相撲。子どものころはコントロールの悪い剛速球投手で、毎朝授業前に住居地別対抗戦を行っていた。相撲は町内会の大会で優勝したたことがあった。得意技は琴ケ濱ばりの内掛け。

うれしかった思い出は？

留学先のフィンランドで、多くの方々から自宅やサマーハウスに招待されたこと。文化や人柄が国を越えて伝わった。

子どものころからの特技。フィンランドのレストランにて。

つらかった思い出は？

留学先のイギリスからフィンランドへの引っ越し。スーパーマーケットで段ボール箱をもらい、極力荷物を少なくするため、10kg制限の郵便の船便を使って日本へ余分な物を発送し、20kg制限のフィンランドに引っ越し荷物を郵送した。

毎日のように数多くの荷物を郵便局に持ち込んだので、局員に「まさか郵便で引っ越しする気じゃないよね？」と言われた。担当者たちは重量制限に厳しかったが、梱包の紐を切って重量合わせをしてくれたりもした。今となっては楽しい思い出。

今まで成し遂げたことで意義深いと感じていることは？

歯科医師臨床研修必修化への協力と、附属病院長時代に日本歯科大学附属病院が日本医療機能評価の認定を受けたこと。

私の夢

家族やスタッフ、友人・知人へのメッセージ

この年になっても慌ただしく前進する気持ちが強いことは許してほしい。

今後の目標や抱負は？

日本歯科医学会会長として、歯科界活性化のためのターボチャージャー始動から、クルーズコントロールに移行するまでを完遂したい。

生まれ変わっても歯科医師になりたいと思うか？

歯科医師としては十分に楽しんだので、昔あこがれた喜劇役者かな。

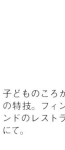

宝田恭子 先生

Takarada Kyoko

宝田歯科医院 院長
東京都

■資格、所属
日本アンチエイジング歯科学会常任理事、日本睡眠改善協議会認定睡眠改善インストラクター。メディカルアロマ研究会所属

■診療スタイル
義歯を中心とする高齢者外来歯科診療が主体。患者さんの平均年齢は65歳以上

■生年
1956年

■出身地
東京都

■出身大学
東京歯科大学

生活スタイル

平均睡眠時間は？

約6時間。24時に就寝し、6時10分ごろに起床。

布団の中でストレッチした後、起きてからラジオ体操をして一日をスタートしている。真剣にやるとかなりの運動量！

欠かさない日課や習慣は？

毎朝、にんじん・野菜ジュースを欠かさず飲んでいる。空腹感の最も大きい朝食が、3食の中で一番楽しみ。

私はこんな人

趣味は？

学生時代は競技スキー部に所属。体育会系の趣味が中心だった。今は、患者さんでも家族でも友人でも、全ての人の話を傾聴すること。傾聴は相手の「主訴」を聞き取るインタビューであるだけでなく、自分を楽しくさせる秘術でもある。

こだわっているものは？

今のところ白衣。アンチエイジング歯科学会のファッションショーで

都内某所の喫茶店でウェイトレスをしている。白衣を脱ぐことで、医師・歯科医師がいかに白衣に守られているかを知ることができる。

気に入った白衣を特注した。出来上がるまでに1カ月以上もかかったが、縦のラインの作り込みなどに工夫が凝らされているので大満足！

「修行」(?)のため、週に1日程度、白衣を脱いで都心部の喫茶店でウェイトレスをしている時(経営代行も)の緊張感も気に入っている。

もう一つは「手」。アンチエイジングというと顔だけに注意を払いがちだが、女性の場合は、もともと男性より水分が奪われやすく、家事で水に触れる機会が多いことから特に手が傷みやすい。そのため、チベットなどで高山病予防に用いられる紅景天や、レチノールを使用したモイスチャージェルを開発した。

座右の銘は？

「トライアル精神」を軸として、患者さんと自分の加齢とともに、常に変化している。現在は「猫背を直すと若返る」。

パワースポットは？

いろいろあるが、どんな場所であっても、高齢者も含め元気な患者さんと話せる所が最もパワーをもらえる。

患者さんの知恵を生かして開発した手指のモイスチャージェル(右)。皮膚科医の長女もブレーンの一人で、「手に触れる水などの温度が低いと、細胞のキメが損なわれる」ということを教えてくれた。男女とも、冷たい水に直接触れる機会の多い人には必需品といえるだろう。左は「美しさを共に感じることを喜びとする＝美感」をコンセプトにしたフェイスクリーム。

学生時代、山岳部の友人から聞いたのが紅景天。チベット辺りでは高山病予防のため、これを煎じた水を無料配布しているという。実物は、ラーメン店を経営する患者さんと行った健康食材フェアで手に入れた。抗酸化力が高く、さまざまな用途に使用可能。

宝田歯科医院の診療

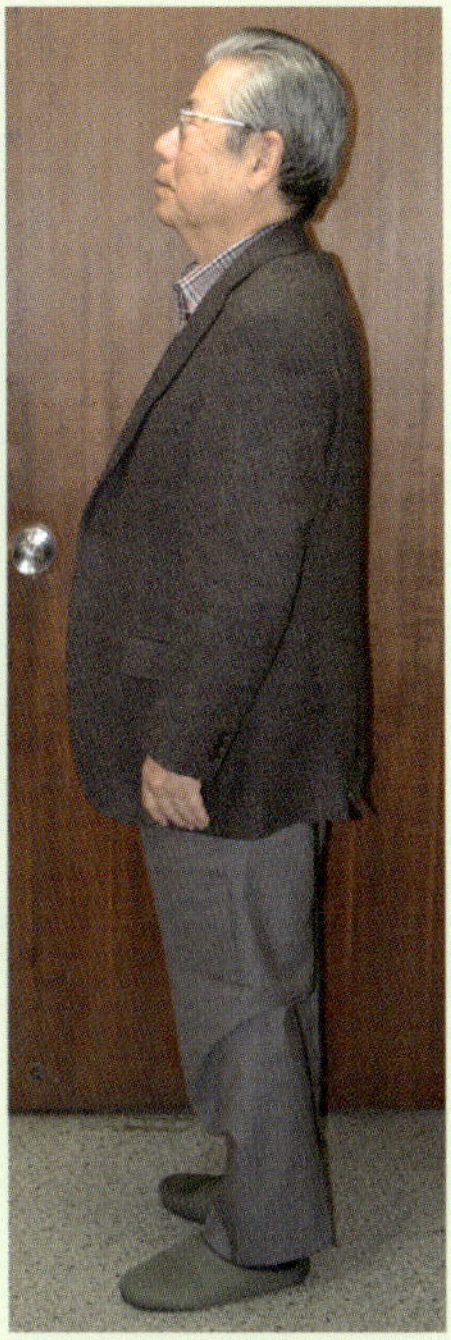

宝田歯科医院の患者さんの中で、アンチエイジング大賞を3年連続で受賞した丸茂さん（79歳）。毎朝4時半に起きて自転車で江戸川沿いを12㎞走る。その後、ラジオ体操をして入浴。「そのせいか、朝ごはんの量が多くて女房に止められているんです」とか。高齢でも元気な人は、歯と歯肉がキレイなだけでなく、声が大きい（丸茂さんは学生時代に応援団に所属）。そして、正しい姿勢を維持していることに特徴がある。「健康のバロメーターは、すっくと立って歩き、その時、目は斜め上を見ていること」と丸茂さん。

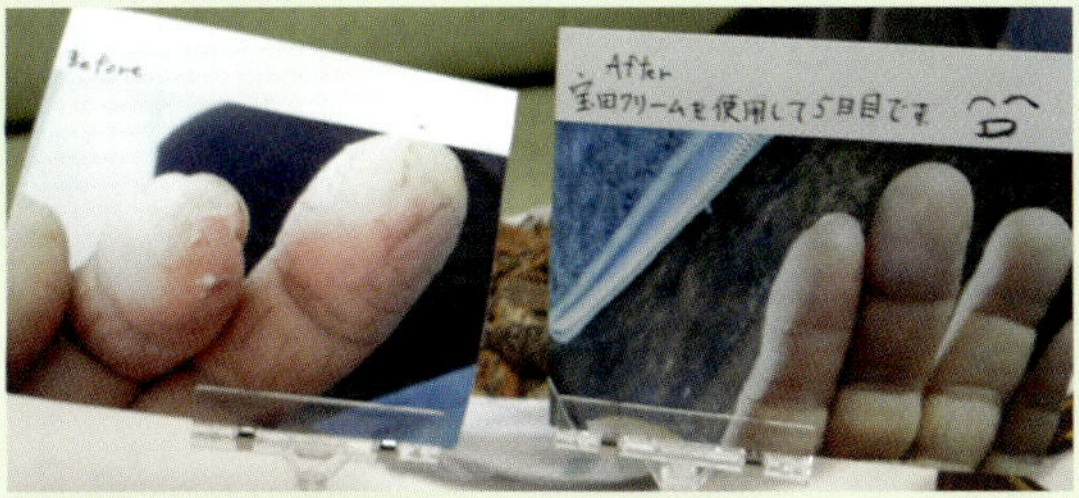

新たに開発したモイスチャージェルの効果を、使用した患者さん（鍼灸師）が写真付きで紹介してくれている。下町の古い歯科医院だが、身体に関心の高い人が集まるサロンのような存在。

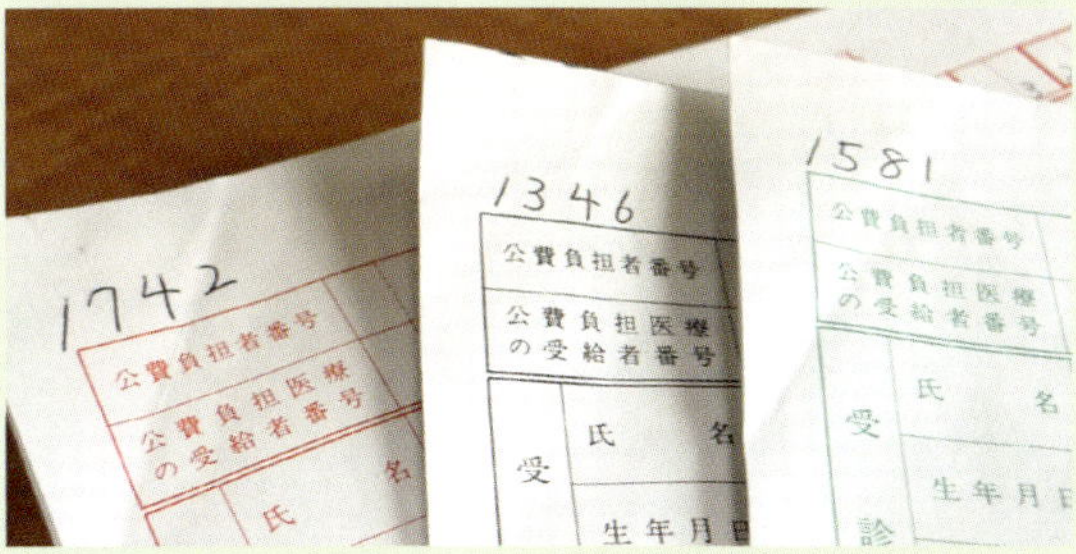

宝田歯科医院のカルテ。4桁の番号で患者さんを管理している。実はこれは、古くからある刑務所の囚人番号識別システム。何と、先々代の院長が賭博で逮捕され、短期間だがムショ生活を送った時に身に付けたものだとか……。このおかげで、患者さんの数十年にわたる記録が分析しやすい。

尊敬する人は？

大勢いるが、強いていえば前院長である義父の影響が大きい。30代のころ、多数の患者さんを診療する多忙な毎日を送っていたが、継承の際、「義歯の診療には画一的なモデルもゴールもないことが、引退する今になって分かった。５００人の患者さんを短時間診るよりも、１００人の患者さんを数十年診る方が、歯科医師人生として面白いのではないか」と教えてくれた。

長所と短所は？

長所は、さまざまな人と会話のキャッチボールが続くこと。会話から学ばされることが多い。

逆に、会話が長くなりすぎることはあるかも……。

仲の良い友人の特徴は？

同業者よりも、患者さんとして関わってくれる他職種の専門家が多い。特に他科のドクターの患者さんには、「昼休みに時間を取ってくれませんか？」とお願いして、専門的な知恵や知識を得ている。これが次の歯科診療にフィードバックされる仕組み。

うれしかった思い出は？

当院では数少ない小学生の患者さんに、ある実験の話を聞いた時。

米を3つに分類し、自然発酵させる際、一つの袋には「ありがとう」と

針金ハンガーを用いて胸鎖乳突筋を伸ばすことによって、猫背が改善される。さらに、左右に大きく体を傾ける（ラジオ体操の要領！）と、若返りを促すエクササイズになる。

感謝の声をかけ続け、もう一つには「バカ」などの悪口を浴びせ、残りは全く無視したところ、無視された袋に一番カビが生えたという。関心を持つこと、感謝することの大切さを「実験で」知ったという事実に驚き、「私は小学生より成長していない」と感じた。

私の夢

今後の目標や抱負は？

今後も患者さんとつながっていきたい。3代100年にわたって続いている宝田歯科医院は、カルテ番号の整理に工夫があり、多数の患者さんを数十年のスパンで追跡することができる。

今後も患者さんとカルテを大切にして、常に新たな知見を広めていきたい。

生まれ変わっても歯科医師になりたいと思うか？

生まれ変わったらダブルドクターになりたい。自分が追求したいテーマが医科の中に存在しているから。

『宝田式新メソッド―ねこ背を直せば、顔が若返る』（主婦の友社）。

これからは「知恵勝負」！

50代は介護世代といわれる。私が52歳の時、実母が認知症の診断を受けた。症状も年々進んでおり、さらに心臓の持病があるため、救急車で搬送されることも度々だ。そんな時は患者さんに事情を説明し、予約を取り直してもらうのだが、いつも大変申し訳ない気持ちになる。

義母もよく歩けず、不明な発熱が続くことがあり、心配な状態が続いている。かつては仕事と育児の両立を考えながら時間配分をしていたが、今は仕事と病院行きとの両立となっている。私のライフスタイルは、両家の母の体の状態により変動しており、先々のことを考えると、不安は絶えない。

しかし、そんな時だからこそ、知恵を絞って皆が少しでも安心して暮らせる日常にしたいと思っている。「体力勝負」というより「知恵勝負」！

私は日々、両家の母や患者さんから「あなたがいてくれて良かった」と感じてもらえる存在になりたい、なれたらうれしいと思っている。

11

筒井照子

Tsutsui Teruko

先生

医療法人筒井歯科医院 副院長
福岡県

■資格、所属
日本矯正歯科学会専門医・認定医、九州歯科大学非常勤講師、昭和大学歯学部兼任講師。日本矯正歯科学会、九州矯正学会、日本口蓋裂学会、日本顎咬合学会、日本包括歯科臨床学会、咬合療法研究会、JACD所属

■診療スタイル
77ページ参照

■生年
1945年

■出身地
山口県

■出身大学
九州歯科大学

生活スタイル

平均睡眠時間は？

6時間くらい。

好きな時間は？

朝は6時ごろには診療室に下りている。診療が始まるまでの3時間くらい、原稿を書いたり雑用を片付けたりしている時間が好き。

欠かさない日課や習慣は？

今は、ただひたすら仕事をしている。一日16時間くらい診療室にいる。

好きな食べ物・嫌いな食べ物は？

嫌いな食べ物はない。あまり脂っこくなかったら何でも好き。珍しいもの好きなので、結構ゲテモノ食いなのかもしれない。

行きつけのお店は？

近くの定食屋さんくらい。

好きなお酒は？

お酒は弱くてダメです。

私はこんな人

趣味は？

本来はアウトドア派。昔は海、山、ドライブなどが好きだった。

25年くらい前に自分で設計して建てた、自慢のログハウスを持っている。そのころログハウスはまだ珍しく、ログハウスの専門誌に載ったり、テレビの取材を受けたりした。リタイアしたら、そこで自給自足の生活をするのが夢だが、今は全く行けていない。

動物を飼うのも好き。今は老犬3匹と15歳のケツメリクガメ（体重35

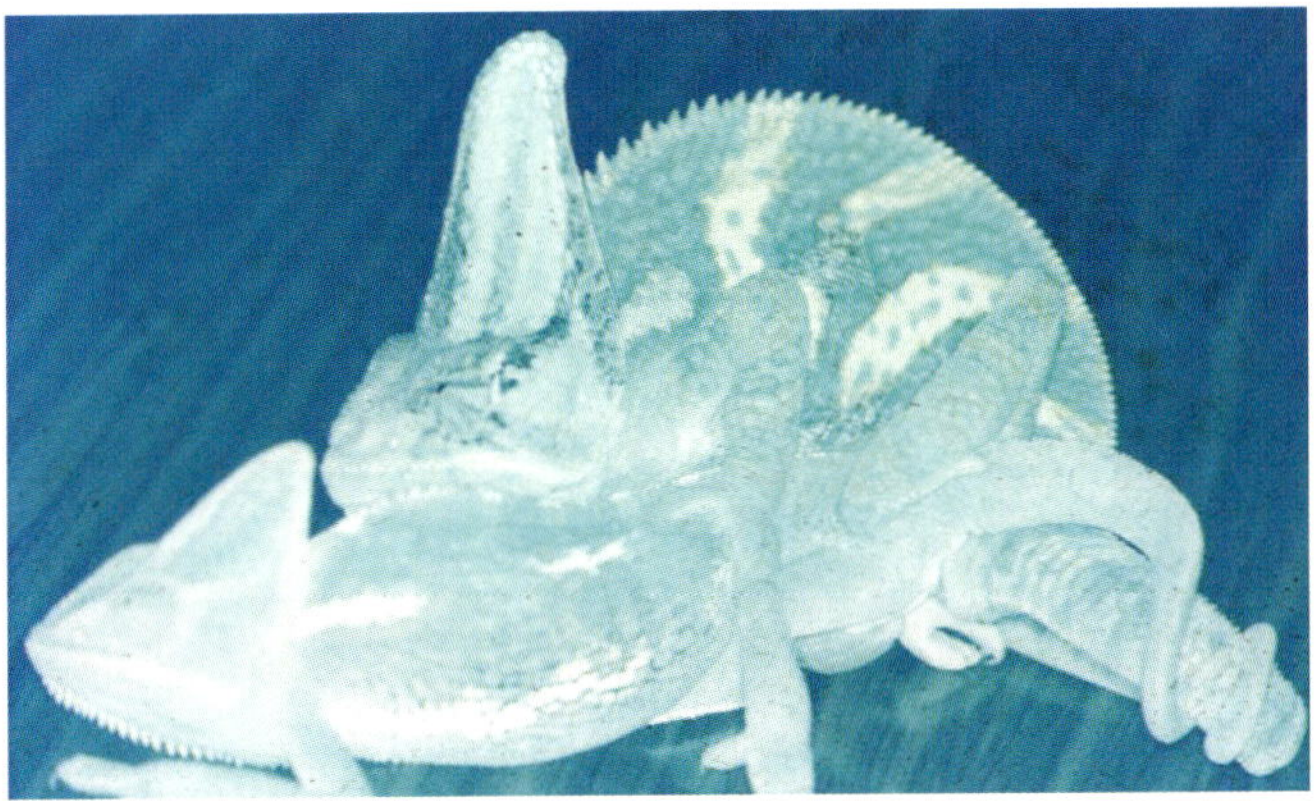

爬虫類の専門誌に載った、エボシカメレオンが交尾している写真。珍しいとのこと。検査室で飼っていたので、診療用のカメラで撮影した。診療以外の目的でカメラを使ったことで、後で夫にひどく叱られた。

設計だけでなく、柱やドアまで全て自分でデザインしたログハウス。ログハウス雑誌に掲載された。

kg！）を飼っている。今まで飼ってきた生き物は猫、金魚、熱帯魚、チャボなどの鳥、カメレオン、トカゲ類多数、ウサギ、カメなどなど……。

爬虫類の専門誌に、私が撮ったエボシカメレオンの交尾している写真が載ったこともある。この後死去。カメ君とレオンちゃんの悲しい物語があります。

服や装飾品などの好みは？

着る物、特ち物には興味がなく、用が足せればいいと思っている。スーツなど10年くらい作っていない。

乗っている車は？

15年前のトヨタのイプサム。私は乗っていないが、夫の昌秀の買ったジャガーもある。

好きな旅行先は？

自然の中に身を置きたいといつも思っている。海でも、山でも、野原でも、畑でも、どこでもいい。

パワースポットは？

なかなか行かれないが、自分のログハウス。

読書は？

一般的な本は月に2〜3冊。

印象に残った本は？

山中伸弥教授と益川敏英教授の対談『「大発見」の思考法』（文春新書）。ノーベル賞受賞者の考え方・気付きに感銘を受けた。

座右の銘は？

特にない。あえて言うなら、ただひたすら純粋に継続すること。

尊敬する人は？

夫と築いた筒井歯科・矯正歯科医院

1975年、夫の昌秀とともに、北九州市の折尾の地に開業。夫は一般臨床、私は矯正を専門に行い、ユニット4台で開業した。診療室兼自宅の3階建てで、約7,000万円の全額が借金だった。1,000円のお金も貴重で、潰れるかもしれないとハラハラしていた。

2010年、JR鹿児島本線折尾駅の再開発に伴い、駅前に移転・新築。現在は、長男の祐介が院長として一般臨床を行い、次男の武男が矯正と一般臨床を手掛けている。私は本来矯正が専門だが、他に咬合・顎口腔機能障害の患者さんと、メインテナンス患者を診ている。

訪問診療は行っていないが、他は一通り全て受け入れている。一日の来院患者数は80人ほど。私の患者数は一日平均30人。

2階は受付・待合を含め100坪の診療室。3階にはCT室、資料室、セミナー室などを備えている。スタッフは歯科衛生士8人、歯科技工士2人、他受付などで、非常勤含め20人くらいになる。

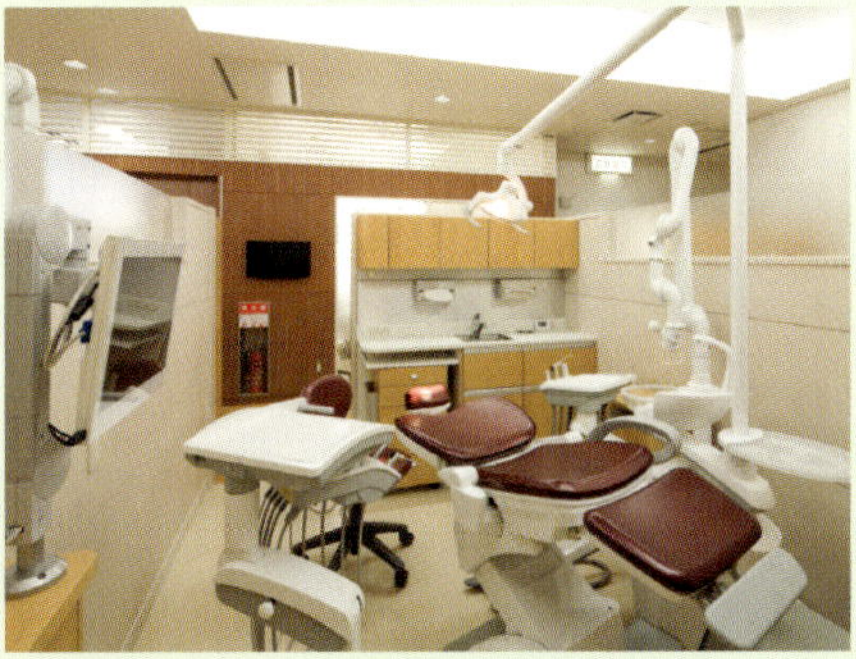
診療室。

受付と待合室。

息子2人とスタッフに囲まれて。

開業以来40年間の資料を全て保管している資料室。

九州歯科大学に残って、5年在籍した時の矯正学の教授である横田成三先生。「本当にそうなのか？　正しいのか？」と、物事の原点に帰って考えることを学んだ。

5年しかそばにいられなかったが、その後40年間、私は多分、横田先生の考え方を一貫して追っている。『包括歯科臨床PartⅡ—顎口腔機能の診断と回復』(クインテッセンス出版)は、横田先生だったら同じことを考え、同じ手法で歯科臨床を確かめたであろうことをまとめた本(もちろん、もっとハイレベルだろうが)。

学びのために実践していることは？

「もっとうまく治せる方法はないか」と、いつも模索している。興味ある知識や臨床は、いつでも・誰からでも吸収したい。

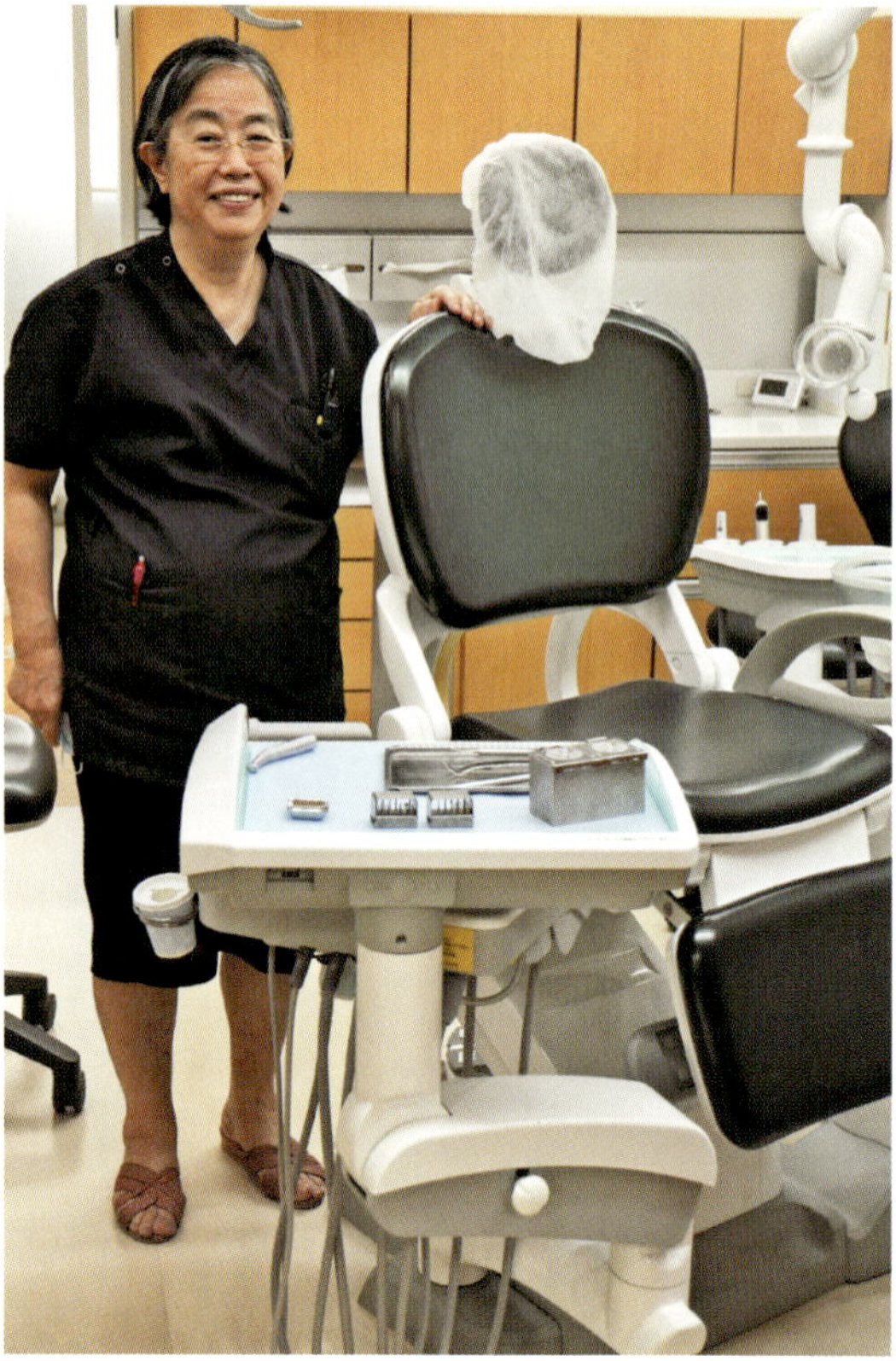

背板が90度近く起き上がり、椅子座位の姿勢が取れるユニット(ヨシダ『Tバージョン』)。

長所と短所は？

長所：性善説で考えていること。自然体。忍耐強い。多分、純粋に継続できる。
短所：気が強いかも。

仲の良い友人の特徴は？

リラックスできる人。前向きで純粋な人。

苦手な人のタイプは？

肩をいからせている人。マイナス思考の人。

宝くじで3億円当たったら？

マスコミなどに広告を出して、態癖が健康に良くないことを訴えたい。

子どものころ熱中したことは？

読書、人形の洋服作り、犬と遊ぶなど。女大将と言われていた。

うれしかった思い出は？

昌秀と臨床ができたこと。

2006年第5回日本国際歯科大会（クインテッセンス出版主催）で。左から私、モートンアムステルダム先生、夫の昌秀、佐藤直志先生。

つらかった思い出は？

もちろん、昌秀が亡くなったこと。

今まで成し遂げたことで、意義深いと感じていることは？

昌秀との臨床、出版。長年続けてきた筒井塾、スタディグループ、学会。仲間が育ってくれていることなど。

診療所が田舎にあるため30坪くらいの広い資料室があり、開業以来40年間の資料を全て整理して保管している。昌秀と「お金は残らなかったけど、症例と資料は残ったネ」と言っていた。

私の夢

家族やスタッフ、友人・知人へのメッセージ

自分の能力にしては、よくここまで来られたと、全ての人に感謝している。

今後の目標や抱負は？

２０１５年10月、『包括歯科臨床ＰａｒｔⅡ』を出版したが、あと２～３冊出版したい。歯科臨床はやりがいのある素晴らしい仕事であることをたくさんの人に伝えたい。

生まれ変わっても歯科医師になりたいと思うか？

生まれ変わっても歯科医師になりたい。やりがいのあるいい仕事だと思う。臨床をするために残された時間は非常に少ないので、一人ずつ大切に治したい。

12

中原 泉

Nakahara Sen

先生

日本歯科大学理事長・学長
東京都・新潟県

■資格、所属
博物館学芸員。日本歯科医史学会、日本文藝家協会所属

■生年
1941年

■出身地
東京都

■出身大学
日本歯科大学

日本歯科大学生命歯学部（東京都千代田区）。

生活スタイル

平均睡眠時間は？

高齢になると、眠りは長すぎず短かすぎず、と聞いたことがある。身体や健康に関しては、世は百花争鳴だ。布団に入ってもすぐ眠れないから、睡眠は6時間ほどか。くたびれ果てて、15時間眠りこけることもある。

好きな時間は？

どの時間というより、左手にペンを握っていれば（左ぎっちょ）満足している。だから今、この原稿を書いているときが、好きな時間……。

欠かさない日課や習慣は？

学生時代から日記を欠かしたことがない。実務手帳に細かく書き留めるのだが、55年続けているので、手帳が55冊になった。昨年、新聞の投稿欄で、70年間日記をつけているという老婦人を知り、ギャフンとなった。世の中には、上には上がいるものだ。

もう一つ。太りすぎて、40歳からジョギングを始めた。最も減量できたのは、40代のころの10kg。ダイエットと運動の両方をやらねばダメと、血のにじむ（?）努力をしているが、いまだにアップダウンの連続である。

今はおおむね毎日、東京では飯田橋から市ケ谷駅までの散歩、新潟では家内の運転で市のスポーツセンターへ通う。どちらも40分程度（私は仕事上、毎週、東京と新潟を往復する二重生活をしている）。

好きな食べ物・嫌いな食べ物は？

終戦時4歳のギリギリの戦中派なので、好きも嫌いもなく何でも食べる。外国へ行っても同じ。

行きつけのお店は？

ない。学生時代、大学の前のそば屋に、天ぷらそばを食いに毎昼通っていた。そこの店主のお婆さんが、私の顔を見ると「ハイ、天ぷらそば！」と勝手に注文するのだ。お婆さんに気に入られていたのだが（私もお婆さんが好きだったが）、私はどうも、そういう関係が苦手なのだ。

夜半、自宅の机で書きもの。たぶん小説……。

好きなお酒は？

酒は、ビール半杯で真っ赤になるので好かない。30年ほど前、ニュージーランドの古都オタゴに、姉妹校の調印に行った。歯学部長の夕宴で、しゃれたレストランに招待された。

ご婦人方も皆さん、食前にワインをたしなむ。私は粗相をしてはいけないと、オレンジジュースを頼んだ。するとご婦人方に、「あなた、ジュースなの⁉」と呆れた顔をされた。私は「モンゴロイドの40％は下戸なんです」と、唇をとんがらせた。通じたかどうか分らないが、それ以来、酒は余計敬遠するようになった。

私はこんな人

趣味は？

中学時代、恩師の影響で小説を書き始めた。同人雑誌に所属し、小説家を夢見る文学少年だった。しかし、小説で食えると思うほどバカではないので、食うに困らぬように歯科大学に入った。

私にとって、小説は趣味ではない。10年前から、若き日に回帰して、『医の小説集』(テーミス)を3冊出したところ、「歯医者さんが小説を書くんですね」と言われる。実は順序が逆で、小説家が歯医者になったのだ。「忙しいのに、いつ書くんですか?」と問われる。たいてい笑い流すのだが、逃げられないときは、「25時に書くんですよ」と煙に巻く。

パリ第7大学歯学部長のマダムN.Forest(のちに同大学学長)と。お気に入りの一葉(1985年)。

服や時計などの好みは?

身なりに関わるものは、洋服も装飾も自分で買ったことはない。まるっきり家内の着せ替え人形である。だいたい好みは似ているので、文句を言ったことはない、と思う。

乗っている車は?

高校生のとき教習所に通ったが、仮免直前、自分の方向感覚の鈍さを悟り、このまま免許を取れば人をひくと思ってやめた。だから無免許で、車に興味はない。

読書は?

かつて私は毎年、新入生に本を読めとやかましく訓示してきた。そのころは月15冊ほど読んでいた。ところが、平成に入ると次第にネットの時代に変わり、本を読めと諭すのが空しくなった。これが世の中の変化かと、無念だった。

今は本屋は消えていくし、遠い書店に行っても、読みたい本がなくなった。ムリして買っても、だいたい読み始めると腹立しくなり、投げ捨てることが多い。読み手も書き手も、軽佻浮薄になった。あまりに安易で軽すぎ、媚を売りすぎる。

座右の銘は?

かつて「座右の銘は?」と聞かれると、「塵も積もれば山となる」と返していた。すると一様に、「なあンだ、つまらない」という表情をされた。そこで、「日々、コツコツ」と言い換えた。私は50歳にして、人生、日々コツコツやる奴にはかなわないと悟ったのだ。

昨年、一昨年の入学式の訓示で、壇上を叩いて「諸君、日々コツコツですよ」と説いた。若者にコツコツなど通じない、と承知はしていたのだが……。

そのあと後輩の教授に、「先生、ボクはキツツキのコツコツですよ」と胸を張られた。ウーン、一過性のキツツキとは違うんだがなあ。

コツコツの訓示は、この2年間だけでやめてしまった。反応がないとあきらめてしまうのは、まだ修業が足りないからだと反省している。

尊敬する人は?

高校時代の学習院院長の安部能成先生。

毎月曜日の朝礼では、全校生徒がグラウンドに集められた。皇太子殿下(今上天皇)とご妹弟が前方、私たち有象無象を後方にして、壇上に立つ白髪の安部院長。そのころは、先生が殿下の御指南役とは知らなかった。

院長は甲高い声で、「君たちは、正直でなければいけない」と訓示した。毎週繰り返されるので、生徒たちは聞き飽きていた。それが3年間続いて、耳にタコができた。

年を経るにつれて、折に触れて、その先生の〝正直〟という独特のトーンが耳奥に響く。私は数十年後にようやく、教育とは己れの信念を繰り返すことであると悟った。

長所と短所は?

49歳のとき、胆石手術で入院し、患者アンケートで長所・短所を問われ、大いに戸惑った。何とか「長所は真面目」「短所は気分にムラがある」と書いた。シャイなんだから、こんな質問するなよ、と文句を言いたかった。

国家試験の終わった日、幹事10人がボウリングに行こうと気勢を上げた。私は「行かないよ」と断わった。そのときの同級生たちの呆然とした顔が、今も浮かぶ。ただ小説を書きに帰りたかっただけなのだ。「付き合いの悪い奴」というのは、学生時代からだった。

うれしかったことは?

新潟歯学部の創立に携われたこと。新潟に医の博物館を開館したこと。日本歯科大学創立百周年に立ち合えたこと。『医の小説集』3部作を出版したこと。

悲しかったことは?

3年前にメタボ健診で、身長計測させられた。「ハイ、166㎝」とナース。思わず、「167㎝あるはず」と計測に不満をもらした。するとナースが、「もう一度計りますか?」と

医の博物館（新潟県新潟市）。

笑い目で問うた。翌年、姿勢を正して計測したが、165cmと言われてガックリきた。

年を取ると縮まるとは聞いていたが、2年で2cmも低くなった。それからは身長計測は断わって、167cmと自己申告している。

今まで成し遂げたことで、意義深いと感じていることは？

歯科医人また大学人としての私は、全て親の七光である。英国では、銀のスプーンをくわえて生まれたと言うそうだ。だからといって、決してスイスイときたわけではないが、七光は消えることはない。

仕事は私一人ではなく、あくまで共同作業であるから、自分が成し遂げたという思いは薄い。

ただ一つ、七光も共同作業もなしに独りで成したことは、『医の小説集』3部作である。

2014年に刊行した医の小説集第3集『一口坂下る』。

私の夢

夫婦の仲

家内と結婚して40年になった年、私は「家内とはケンカ一つしたことがない」と惚けた。そうしたら、親しい先輩が人づてに、「私は50年ケンカしたことがないよ」と言う。やはり、上には上がいるものだ。

今後の目標や抱負は？

私は元来、あまり目標を立てず、行き当たりバッタリのところがある。負けず嫌いなので、目標が達せられないと癪なのだ。だから、抱負を問われても返事に窮する。

生まれ変わっても歯科医師になりたいと思うか？

Que Será Será（ケ・セラ・セラ／なるようになるさ）。

13

本田俊一

Honda
Shun-ichi

先生

医療法人ほんだ歯科 院長
大阪府

■資格、所属
厚生省（現厚生労働省）、大阪大学微生物病研究所勤務を経て、医療法人ほんだ歯科設立。日本口臭学会常任理事

■診療スタイル
予防歯科を目標に、専門知識のあるスタッフとチーム体制で取り組む。口臭症やドライマウス症など不定愁訴の患者さんにも積極的に対応

■生年
1951年

■出身地
大阪府

■出身大学
大阪大学歯学部

東北の先生方と。

生活スタイル

平均睡眠時間は?

深夜3~4時ごろ就寝、8時起床。

欠かさない日課や習慣は?

毎日30分の昼寝(昼休憩時)。

好きなお酒は?

最近、日本酒がおいしいと思うようになった。月に一度、青森の八戸で口臭症の治療を指導しているのだが、前夜に先生方が自慢の酒を持ち寄る懇親会がある。志を同じくする先生方やスタッフと、おいしい酒と肴で過ごす時間は、本当に楽しいもの。

東北には銘酒が多く甲乙つけがたいが、特に弘前の「豊盃」、山形の「十四代」、西では山口の「獺祭」が素晴らしい。

私はこんな人

趣味は?

提携している先生のお誘いをきっかけに、急にゴルフに目覚めた。深夜に練習に行くこともあり、下手なりにストイックに練習している。土

最近はまっているゴルフ。

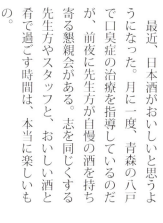

日は年間を通じて講演会等が入っているので、祝祭日に提携先の先生たちとゴルフに出かけることが多い。プレーだけでなく、移動中の会話やアフターの飲み会も楽しい。

好きな洋服、時計などは？

普段はトミー・ヒルフィガーやドルガバなどのカジュアルな服装。

ブルガリのフライバック。常に3カ国の時間を瞬時に見ることができる。アメリカを経由してヨーロッパに戻り、またアメリカに戻るといった場合、日本時刻もすぐに分かるので連絡などに便利。

フォーマルはポール・スミスのスーツ。

時計は3カ国の時間が瞬時に分かるブルガリのフライバックを愛用。自動巻きのジジジという音を聞くと、職人の鼓動を聞いているようで癒される。芸術品だと思う。

乗っている車は？

以前は2シーターのスポーツカーに乗っていたが、車を楽しむ時間がないことや体力的なこともあり、この10年ほどはマセラティのグラントゥーリズモを乗り継いでいる。大人4人がゆったりと座ることができ、疲れないので気に入っている。アグレッシブにも優雅にもドライブができ、ドライブフィーリングがエキサイティングで飽きがこないことも気に入っている理由。私にとって究極の車ではないかと思っている。

定宿は？

講演で移動が多いため、アクセスの良い品川プリンスホテルのアネックスタワーを定宿にしている。

パワースポットは？

小さいころから慣れ親しんでいる、氏神様でもある弥栄神社（大阪）。

読書は？

月に4〜5冊。話題のものはジャンルを問わず読む。

印象に残った本は？

五木寛之の『親鸞』（講談社）。誰の中にも「悪」は存在する。悪を抱きながら、時に悩み、時にねたみ、けれど懸命に生きている。いつも自分のギャップに居心地の悪さを感じる。混沌とした末法の時代にそのことを認め、自分自身の悪とも対面し

現在の愛車、マセラティ・グラントゥーリズモ・スポーツ。

ながら、「最底辺の民こそ、釈迦が救おうとしたのだ」とする「悪人正機説」は有名。

煩悩に苦しみ、破天荒な思想家として民衆とともに悟りに近づく生き様に共感し、自分自身の医療姿勢のみならず、生き方に迷う時に救われる一冊。

座右の銘は？

「一期一会」。

私はさまざまな職種を経て歯科医療にたどり着いた。その間に多くの人に出会い、その方々からチャンスをいただいた。口臭で悩む患者さんに出会うことがなければ、そしてその時、その人のために一生懸命になっていなければ、今日の口臭症の治療に関わることもなかったと思う。

結局、瞬間、瞬間の出会いを大切にすることの連鎖が、未来につながるのではないだろうか。

尊敬する人は？

亡き父親。

父は、若い私に「バイトはするな。そんな暇があるなら、その分いろいろな体験をしなさい」と、親のすねをかじる道楽息子を絵にかいたような、自由奔放な青春時代を過ごさせてくれた。その時に出会った人たちやさまざまな経験が、後に大きな力となった。

長所と短所は？

長所は、自然体で何でも受け入れる「鈍感力」。短所は、「鈍感力」ゆえ周囲への気遣いも鈍感なこと。

仲の良い友人の特徴は？

いくつになっても夢があり、分け隔てなく自然体でいられる人たち。

苦手な人のタイプは？

高圧的で、権威主義的で融通の利かない人。自分の考えを押し付けるような人も、議論ができず意思疎通が難しいので苦手。

宝くじで3億円当たったら？

1億円で患者さんや息子たちのために診療所をリニューアルする。1億5000万円は貯金、残りの5000万は、ゴルフセットの大人買いや海外のゴルフ場巡りに使いたいが、実際は堅実な使い方になるんだろうな……。

子どものころ熱中したことは？

小学生の時に熱中したのは、家にあった全30巻くらいの百科大事典を全巻読破すること。挿絵も豊富で、毎日が驚きと興味の連続だった。時には平安時代に、時には宇宙に、妄想たくましく飽きることがなかった。

子どものころのうれしかった思い出は？

小学校の時に、初恋の女の子と一緒に白浜に家族旅行をしたこと。何と、露天風呂で混浴までして、うれしすぎて寝られなかった。

つらかった思い出は？

厚生省（当時）勤務時代、ケニアで腸管感染症のリサーチをしていた時に、マラリアと寄生虫による肝膿瘍になり、インドのボンベイで手術を受け、1カ月余り生死の境をさまよったこと。高熱と激痛でモルヒネを使い続け、幻覚を見るようになったときには死を覚悟した。

今まで成し遂げたことで意義深いと感じていることは？

「生理的口臭症（誰にでもある口臭

を、精神的な問題に発展するまで悩む）」の治療方法を公開し、誰にでも分かるようなプロトコルにし、口臭症治療の専門家を養成できるようになったこと。

　従来は精神科とリエゾンするしかなかった多くの患者さんが救われると同時に、私が考えた医療哲学や治療方法が次世代や海外にまで受け継がれ、未来につなげてくれる人がどんどん増えてきたことに対して感謝するとともに、自分の生き方として感慨深いものを感じる。

『歯科口臭治療のクリニカル・アプローチ』（日本歯科新聞社）。

私の夢

家族やスタッフ、友人・知人へのメッセージ

　「ありがとう」とただ感謝の言葉しかない。自分が好きなことに邁進できる反面、鈍感なので、自分ができないことや面倒なことは常に周囲の人に頼りっぱなしで、申し訳ないと思っている。自分が今あるのは、周囲の人の寛容さのおかげだと思う。

今後の目標や抱負は？

　現在は、一般歯科治療、口臭症治療と指導、人材育成、企業や大学との製品開発研究、月に１、２回は藤田保健衛生大学医学部でＯ１５７：Ｈ７（腸管出血性大腸菌）の抗血清の開発などにも邁進している。興味のある好きなことだけしかしていないが、今後も新たな関心のあることを見付け、熱中できる人生を送りたい。その結果、少しでも社会に貢献できればいいと思っている。

生まれ変わっても歯科医師になりたいと思うか？

　これぱかりは何ともいえない。最初から歯科医師になろうとしたわけでもないし、いろいろな経験を積み重ねて、気が付けば歯科の世界にいたという状態なので。生まれ変わっても、また熱中できる何かに出合いたいと思う。

松尾 通 先生

Matsuo Toru

松尾歯科医院 院長
東京都

■資格、所属
日本アンチエイジング歯科学会会長
日本歯科TC協会理事長

■診療スタイル
従来の機械的・物理的歯科治療から脱却し、内科的・生物学的な診療を目指してきた

■生年
1938年

■出身地
東京都

■出身大学
日本歯科大学

生活スタイル

平均睡眠時間は？

6時間程度。午前2～3時に寝て、8～9時に起きる。また、どこでも寝られる特技があり、ちょっとした休息時間にも睡眠を取ることがある。

好きな時間は？

午後11時～深夜の、来客がなく、電話もかかってこない、家族にも邪魔されない自分だけの時間。

好きな食べ物・嫌いな食べ物は？

嫌いなものは特になく、何でも食べる。加工品よりも素材を食べるのが好き。旬のものを食べるように心掛けている。

行きつけのお店は？

特にないが気に入った店にはよく行くし、周囲にも教える。安くておいしい店を探すのが好き。料理人とは仲良くするようにしている。おいしかったら必ず褒める。料理人も孤独だから、喜んでくれる。

最近のお気に入りの店は、四谷荒木町「四谷 うえ村」、銀座6丁目「銀座 志《こころ》」、白金「白金亭」など。

歯科未来学 ～①～

山崎数男会長への年賀状

新年あけましておめでとうございます。日頃の先生の御活躍と御努力に対して、心から敬意を表します。

さて新しい年となりましたが、歯科界を取り巻く状況を考えた時、難問は山積して居り、私達は一体どう対処して行けばようしいのでしょう。

間もなく実施される老人保健法の中に、物を咬むという歯科医療の重要性を充分盛り込んでいただけたでしょうか？

薬価基準の四・九％引き下げによる歯科の分野への影響は果たして軽微でしょうか？

二転、三転し遅々として進まない日歯新会館問題では、山崎会長の言動を理解する事は、大変難しく、会館建設というビッグ・プロジェクトを遅らせ、混乱させる事により、他のいろいろな日歯の問題とすり替えているのではないかという考えは、穿ち過ぎでしょうか？

本年七月に行われる予定の参議院議員選挙は、薬剤師会との共闘選挙になる様ですが、歯科医師会としての条件整備は充分なされたでしょうか。

十一月には、いよいよF・D・Iの開催です。ウィーン会議の挨拶にも山崎会長の張り切り方は、よく読みとれます。ホスト国日本の盟主として、武道館開会式の壇上における、会長の勇姿が眼に浮かびます。

新会館建設も重要でしょう。参院選には勝たねばなりません。外国からのお客様をもてなすホスピタリティも、国際化社会の現在、必要な事でしょう。

しかし私達一人ひとりの会員は、もっと身近な事に悩んで居ります。私達の代表として、日本歯科医師会会長の座にある先生の一挙一動を、期待と不安を抱きながら、見守って居ります。

会長という名の責任に於て、真のリーダーシップを発揮され、歯科医師と国民歯科医療に夢と希望を、そして将来を与えて下さる様、お願い申し上げます。

松尾 通（東京都開業）

記念すべき初連載。『日本歯科新聞』1983年1月1日号。現在も同紙にて「歯科情報学」を連載中。

私はこんな人

趣味は？

趣味は浅く広い。文化的なことが好きである。

映画鑑賞、音楽鑑賞、観劇（宝塚から歌舞伎まで）、読書、旅行など。旅先では美術館巡りと地元で評判の良い料理店を訪ねる。

執筆は『日本歯科新聞』(日本歯科新聞社)でコラムの連載を30年以上続けているほか、日本旅行作家協会の会員でもある。著書も10冊ほどある。俳句は結社「野の会」同人。長年聴いてきたジャズボーカルをそろそろ始めたいと思う。

こだわりのものは？

ネクタイ、シャツ、カバン、文房具など、気に入れば即買う。

最近のお気に入りはヴィヴィアン・ウェストウッドのネクタイ、代官山・TAGARUのシャツ、モンブランの腕時計など。

乗っている車は？

今はベンツ。国産車→ボルボ→ベンツと変わったが、もらい事故で入院したことがあり、安全を第一に考えてベンツに落ち着いた。無骨な車だが、丈夫で長持ちなのがいい。

好きな旅行先は？

いろんな国に行ったが、暖かい、もしくは暑い国が好き。旅行は日常性からの脱却で、気分転換にもってこいだ。

日本旅行作家協会の会員で、国別のいくつかのグループに属している。日台親善協会の理事、日本オマーンクラブの会員である。オマーンはアラビア半島の東端にある、昔から乳香を産出していた国。極端な標高差から「スキーとダイビングが同時にできる国」としても有名。

都市ではニューヨークとパリが好き。ニューヨーク好きの人たちの交流会「ニューヨークコネクション」を結成し、会長を務めている。

日本では温泉と街道巡りに興味がある。温泉学会の会員でもある。

パワースポットは？

パワースポットは絶対にある。神社仏閣がその典型。宝田恭子先生(東京都開業)とはお札を交換する仲である。最近では霧島神宮のお札を差し上げた。東京では日枝神社、愛宕神社など。

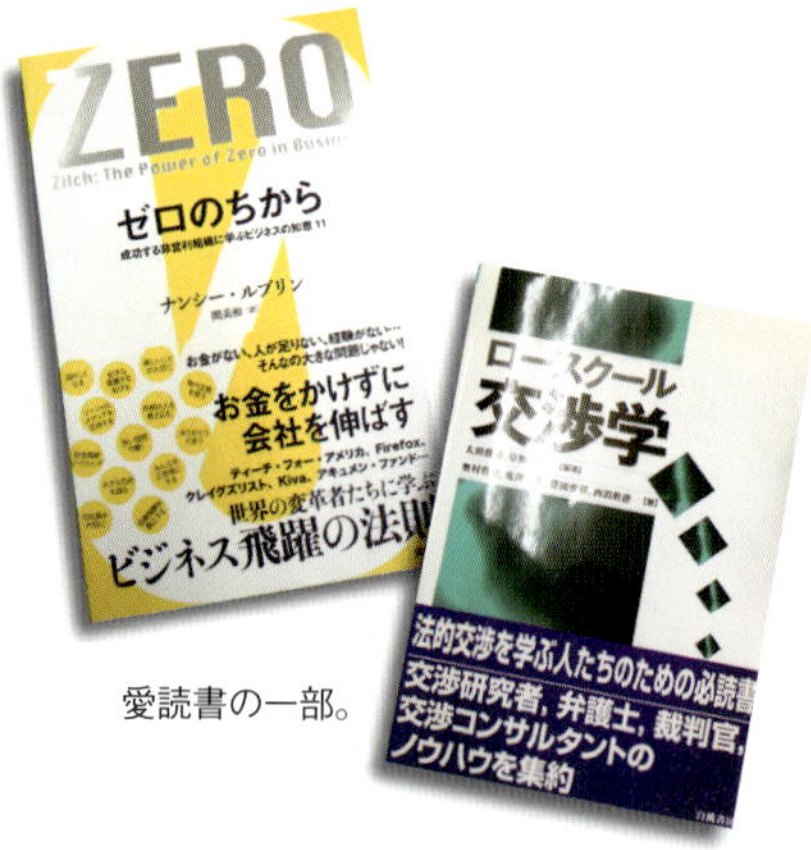

愛読書の一部。

読書は？

乱読、雑読。ほとんど手当たり次第に読む。ニューサイエンス、哲学関連の本が多い。1983年に『日本歯科新聞』で連載を始めたが、そのころアルビン・トフラーの「未来学」が流行していたので、タイトルを「歯科未来学」にした（今は「歯科情報学」）。最近面白かったのは、ニューヨークの都市計画に関する書。

また近刊では、北康利『佐治敬三と開高健 最強のふたり』（講談社）、村上春樹『職業としての小説家』（スイッチパブリッシング）が面白かった。

座右の銘は？

「エレベーション」。自分を高めることを意味する。診療、学問、人間関係、いずれも自己向上のための意図的行為。単なる変化を指す「イノベーション」では意味がない。また「縁を結ぶ」ことを大切にしている。

尊敬する人は？

さまざまな業種にいる。歯科ではASDA（アメリカ審美歯科学会）の創始者アーウィン・スマイゲル先生に私淑している。日本に審美歯科を普及させるきっかけとなった方である。

学びのために実践していることは？

徹底した現場主義。学んでやってみる。経験することは決してムダではない。スピード感も大切にしている。

長所と短所は？

まず健康に恵まれたことに感謝。判断力、決断力、実行力が長所。だが、フライングもあった。28年前、経営シンクタンク・㈱歯科総合研究所を立ち上げたが、当時は経営を考える歯科医師はほとんどおらず、事実上無視された。持久力に欠けるのも短所だろう。

仲の良い友人の特徴は？

大学生の時、財団法人和敬塾の寮に入っていたことが広い交友関係の始まり。ここは早稲田や東大を中心とした総合大学の学生が多く、中庸を尊重する風土の中で学生生活を送った。技術重視の歯科だけに限定

学生時代を過ごした和敬塾。ここで培った人脈は何物にも換え難い。

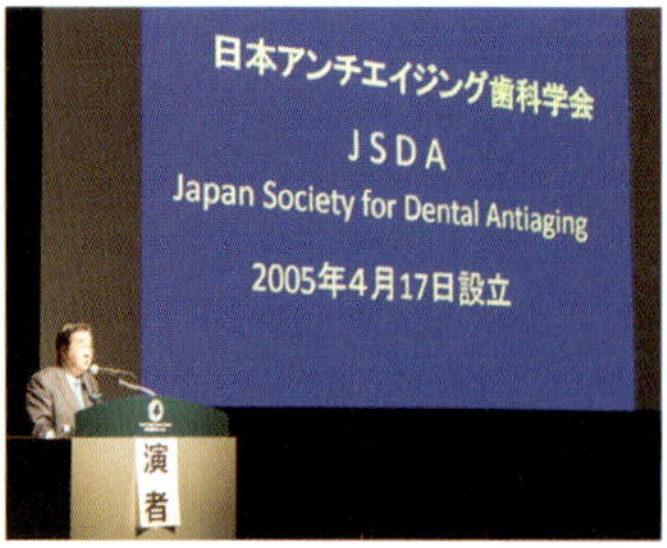

左／日本アンチエイジング歯科学会10周年記念学術大会・会長講演（2015年5月）。右／歯科界初の本格的な白衣のファッションショーも開催。モデルは全員が歯科医師・歯科衛生士。

日本アンチエイジング歯科学会10周年記念学術大会にて、実行委員が揃って記念撮影。

されず、財界や官界などに人脈が作れ、価値観が広がった。

開業してからは、さまざまな学会やロータリークラブで交友関係を広げた。仲の良い友人に共通するのは「共通の趣味と価値観」「遊ぶ心」「高い国際性」「文化的」である。

また近年、女性の友人が増えた。能力があり、向上心が強く、個性的な女性は、男性にない魅力を持っている。

苦手な人のタイプは？

自慢が多い人、自分を好きすぎる人。他人の自慢話を聞かされるほど退屈で無駄な時間はない。そんなときは、「あなたは偉い」で退散する。

うれしかった思い出は？

日本歯科審美学会、日本歯科東洋医学会、日本歯科人間ドック学会、日本アンチエイジング歯科学会

左／アンチエイジングアワード2013授賞式でジュディ・オングさんと（2013年5月）。右／同アワード2015授賞式で夏木マリさんと（2015年5月）。

など、ファウンダーの一人としてさまざまな学術団体の立ち上げに関わり、数多くの学術大会を企画してきた。これらをプロデュースするのが私の仕事。会場がいっぱいになり、参加者に喜んでもらった時はとてもうれしい。

私の夢

今後の目標や抱負は？

これまでと同じく、歯科の領域を限りなく拡大していきたい。医科歯科連携もその目的の一つだが、「自己完結型」の歯科医療から、全身との関連や予防を中心とした歯科内科的な見地から全身に目配りできる歯科医療に変身させたい。全ての健康の始まりは口腔ケアにあることを、国民に広く訴えていく。

誤解を恐れずに言うならば、国民医療費を減らすための歯科医療を確立したい。歯科と食、歯科と認知症、歯科と骨粗鬆症、訪問診療、オーラルリハビリテーション等、やるべきことは無限にある。

その他、歯科スタッフの教育機関である「日本歯科TC協会」での活動、また「江戸城再建を目指す会」や医業種交流会の「夏冬会」などの活動も成果を挙げている。

生まれ変わっても歯科医師になりたいと思うか？

歯科医師としてはいろいろなことに挑戦し、ある程度の達成感はある。幸せな歯科医師人生だと感謝している。

さて生まれ変わったらどうするか？ 歯科の仕事は素晴らしいと断言できるが、職業の選択肢は広いので、他の仕事に挑戦してみたいという思いもある。

15

松村博史

Matsumura Hiroshi

先生

医療法人徳真会 まつむら歯科 理事長
本院・新潟県

■受賞歴
NIKS経営大賞最優秀賞、日刊工業新聞社第21回優秀経営者賞顕彰・地域社会貢献者賞受賞。「EOY Japan 2012」日本代表。WEOYに日本代表として参加

■診療スタイル
徳真会グループとして国内29カ所、海外4カ所のクリニックを展開。提携先のクリニックや歯科技工部門のワールド・ラボなども含めると、世界12カ国68拠点、年間約80万人の患者さんの治療に携わっている。国内だけでも新規来院者数は毎月1万人を超える。2014年11月に宮城県仙台市に大型複合診療施設を、2015年11月10日に東京都渋谷区に大型総合メディカルビルを開設

■生年
1952年

■出身地
熊本県

■出身大学
新潟大学

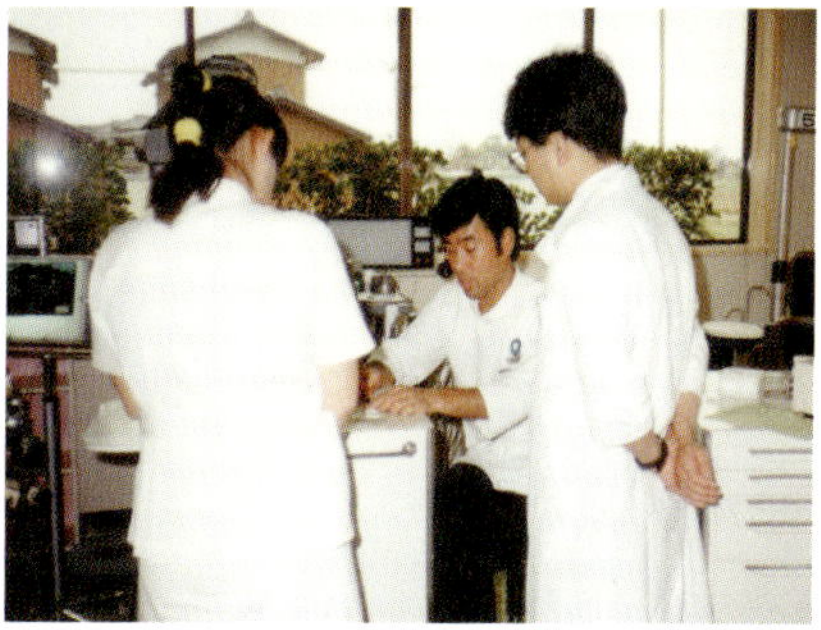

1981年、新潟県新潟市(旧新津市)で産声を上げた松村歯科医院。現在では、国内外合わせて33カ所の医院を持つ法人に成長した。

生活スタイル

平均睡眠時間は?

5時間。

好きな時間は?

午前5～7時、午後10～12時。

欠かさない日課や習慣は?

16kgの重りを付けての散歩、読経、古典素読。

好きな食べ物・嫌いな食べ物は?

何でも食べるが、ファストフードは食べない。

好きなお酒は?

日本酒、ワイン、焼酎。人と座談の中で飲むのが好き。

私はこんな人

趣味は？

ほとんどない。

乗っている車は？

トヨタ・アルファード。機能的なところが良い。

好きな旅行先は？

旅行は全て仕事がらみだが、どの国も良いと感じる。

月当たりの読書数は？

繰り返し呼んでいる座右の書（『菜根譚』）の他に、4～10冊ほど。

印象に残った本は？

『大東亜戦争への道』（中村粲著、展転社）。真の近代史を学べるので。

座右の銘は？

幕末の儒学者・佐藤一斎の『言志四録』にある、「一燈を提げて暗夜を行く、暗夜を憂うること勿れ、只一燈を頼め」。

高い志を持って何かを行おうとすると、困難はつきものである。しかし、そうした状況を暗い暗いと嘆いていても始まらない。だからといって、燈火（志）をいくつも提げて歩くわけにもいかない。だから、たとえ周りは暗くとも、その一燈（志）を頼りに歩み続けるという意味。

尊敬する人は？

小島直記先生、坂村真民先生（2人とも故人）。超越した人間力を持つ非凡な先生であった。

学びのために実践していることは？

職業を問わず、極立った実績を残している人と直接会って話をすること。

モットーは？

「意味を考えて生きる」。

大きく物事を捉えて、近視眼的な利害では動かない。やる価値のあるものであれば、困難なことでもやり続ける。

長所と短所は？

長所は意志決定の早さと逆境に強いところ。短所は気が短いところ。

仲の良い友人の特徴は？

それぞれの分野を極めた人（山下泰裕氏、橋幸夫氏、山口良治氏、三浦雄一郎氏、平尾誠司氏、白鵬翔氏）。

苦手な人のタイプは？

覇気のない人、利己的な人。

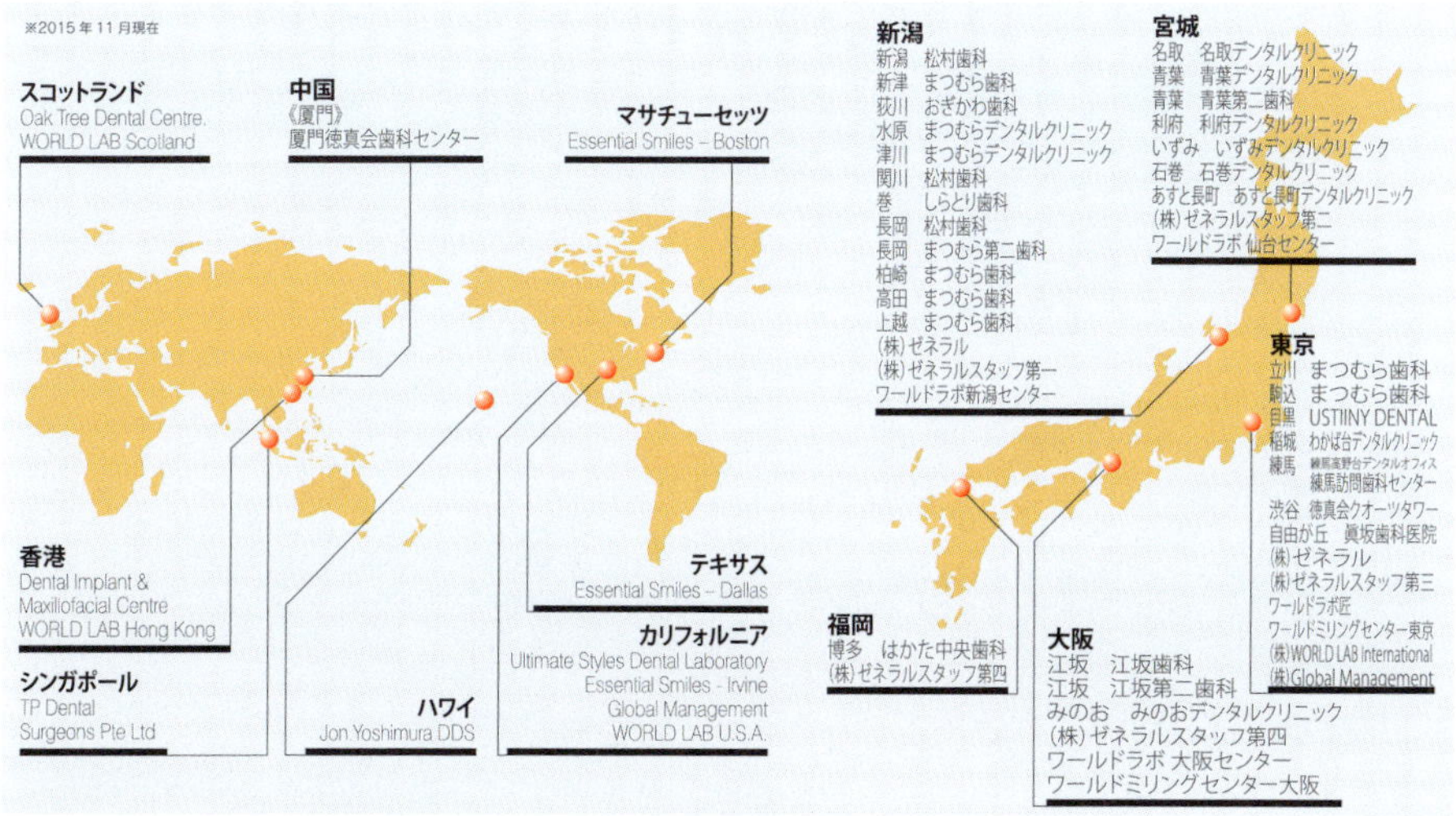

国内外の徳真会グループ拠点一覧。

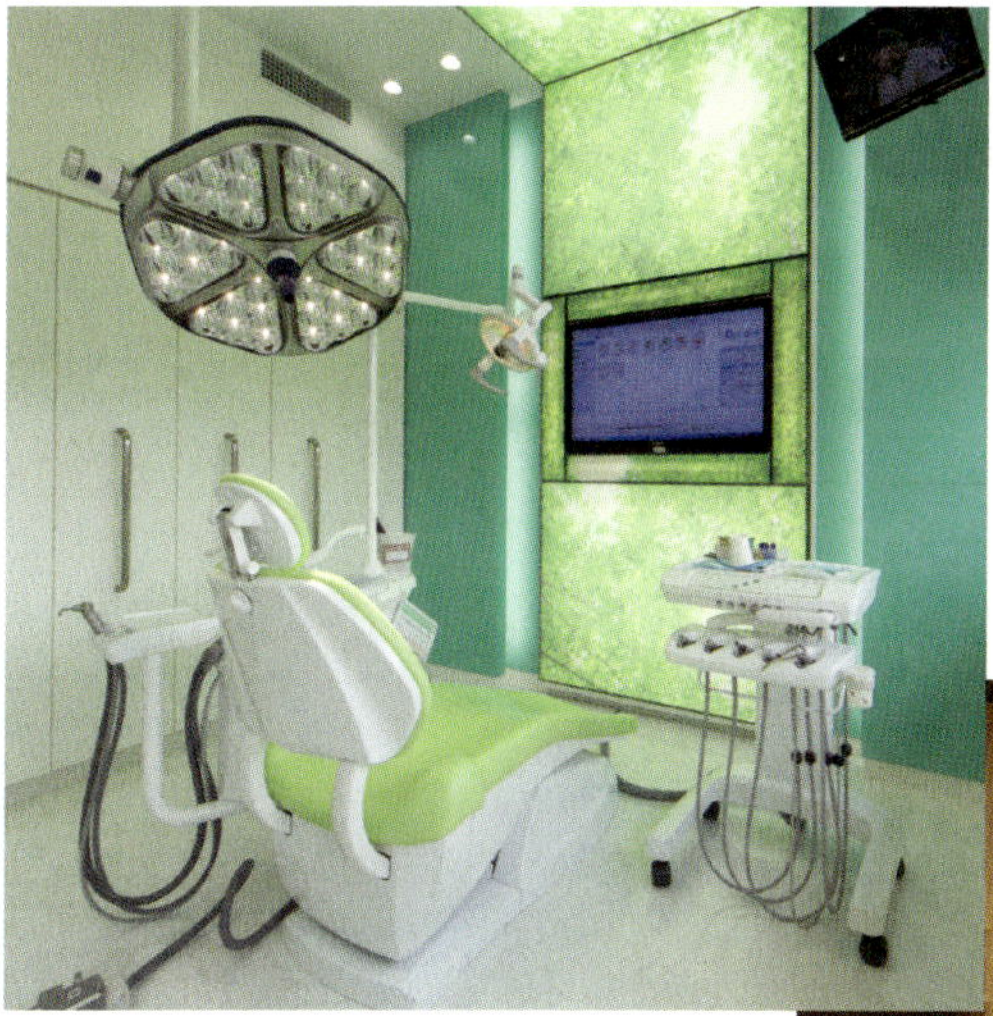

左／石巻デンタルクリニック（宮城県石巻市）のオペ室。
下／同個室（右）。

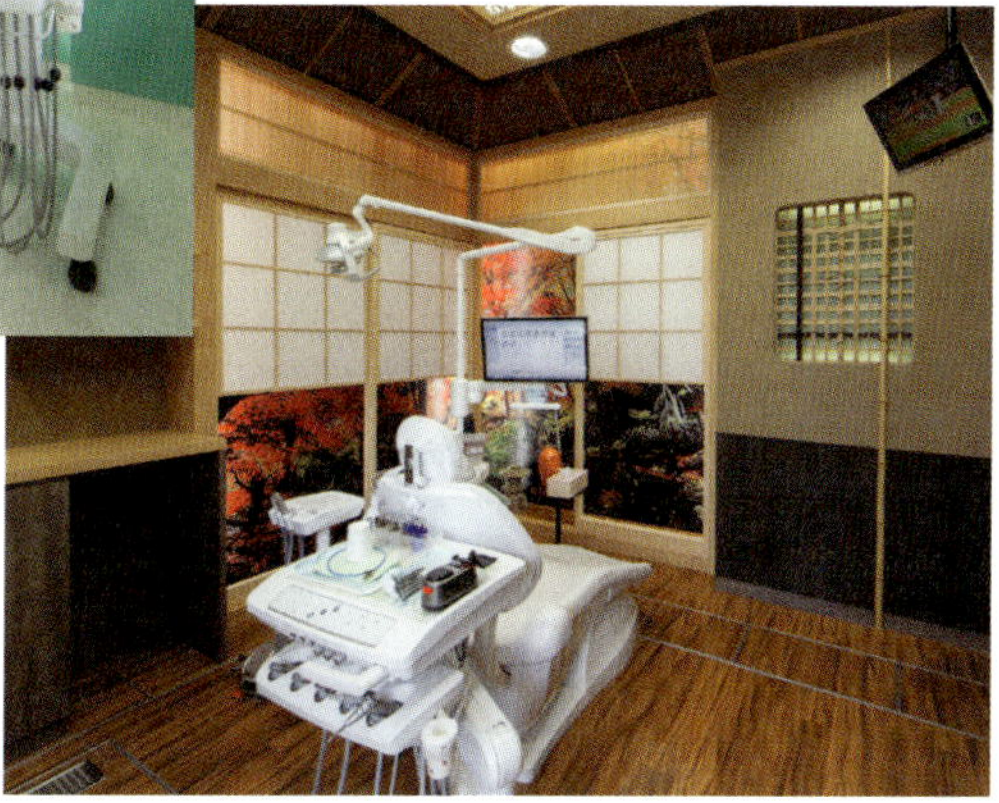

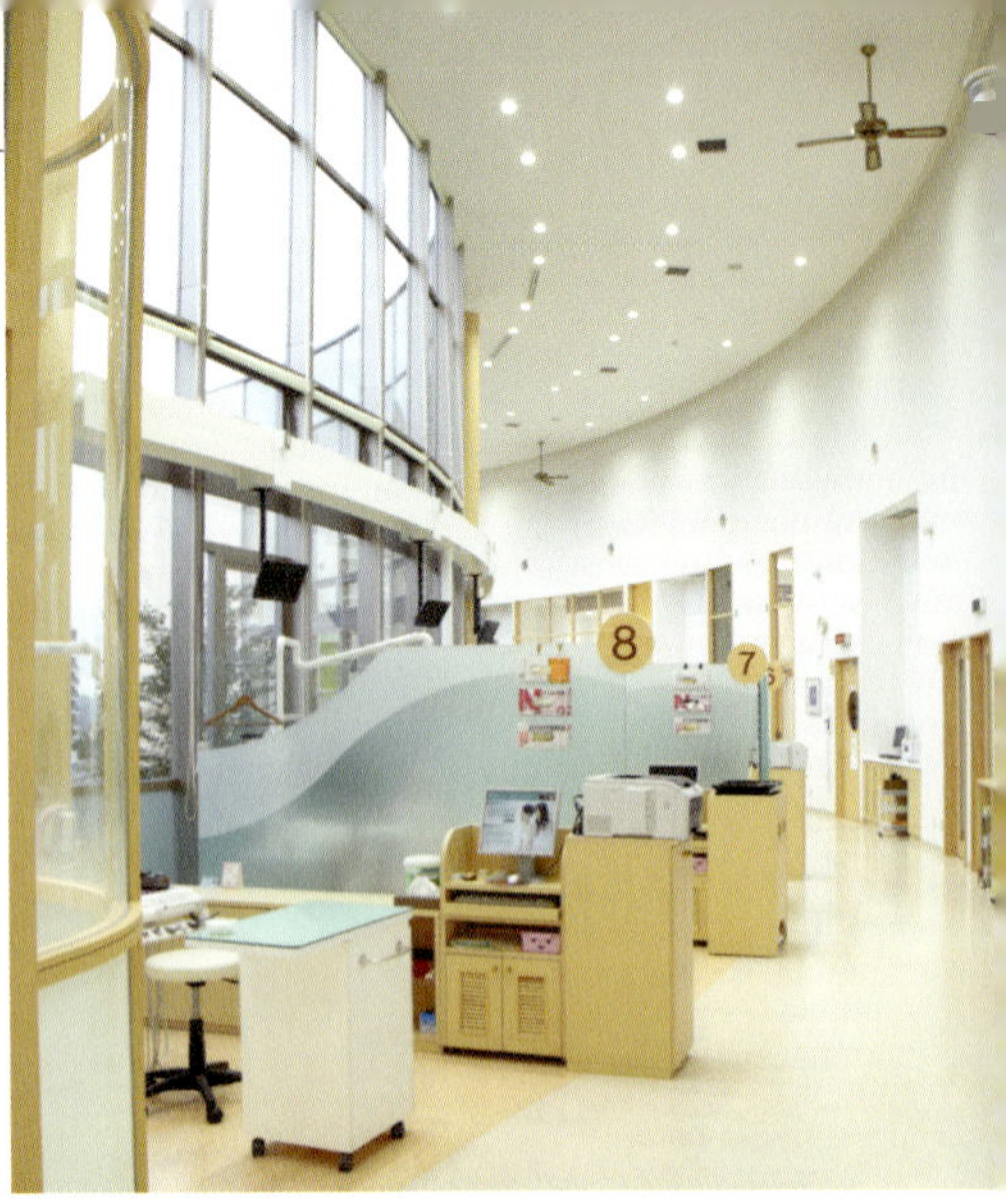

徳真会グループの医院は、明るく開放的なインテリアが特徴。写真はいずれも、わかば台デンタルクリニック（東京都稲城市）。

宝くじで3億円当たったら？

宝くじは買わない。当たったとしても、所詮あぶく銭でしかないので。

つらかった思い出は？

ずっと大変だったので、いつがつらかったか分からない。

今まで成し遂げたことで意義深いと感じていることは？

全て道半ば、志半ばでしかない。

私の夢

家族やスタッフ、友人・知人へのメッセージ

今日まで、陰に陽に支えてくれた人たちに感謝している。支えてくれた人たちには、自分の一生を懸けて報いていくつもりでいる。

2015年11月10日に東京・渋谷にオープンした総合メディカルビル・徳真会QUARTZ TOWER。

今後の目標や抱負は？

もっと正攻法の努力で、歯科界を夢と希望を持てる業界へ変革していきたい。

生まれ変わっても歯科医師になりたいと思うか？

全く思わない。世のため人のために、男子の一生を懸けても惜しくない新たな仕事をやってみたい。

村岡正弘先生

Muraoka Masahiro

東上野歯科クリニック 院長
東京都

■資格、所属
歯学博士、昭和大学歯学部高齢者歯科学教室兼任講師、ICD会員、日本デジタル歯科学会評議員、日本アンチエイジング歯科学会理事、剣道錬士六段、全日本歯科医師剣道連盟常任理事

■診療スタイル
歯科医師16人(うち非常勤13人)、歯科衛生士7人(うち非常勤2人)、歯科技工士1人、受付および助手4人、ユニット7台。あらゆる口腔内の疾患に対応できるよう指導医や専門医を擁し、どのような年代にも満足していただける診療ができるように努力している。また、臨床と教育の両立を目指して学生も受け入れている

■生年
1959年

■出身地
山形県

■出身大学
昭和大学歯学部

BMWのM6。日本に50台もないレアな車。BMWは、アクセルを踏んでそのレスポンスの良さに惚れた。これまで数々の車を乗り換えてきたが、このM6はハンドルを握る私を若々しくアクティブにしてくれる、アンチエイジング効果がある。

生活スタイル

平均睡眠時間は？

6時間。

好きな時間は？

出勤途中の車の中で、音楽を大音量でかけながら走っている時。医院経営などのストレスがあっという間になくなり、仕事に向けてテンションが上がってくる。

欠かさない日課や習慣は？

多方面に関心がある反面、「何かを欠かさない」ということはない。良くいえば臨機応変に生きている。

好きな食べ物は？

食べ歩きが趣味の一つなぐらいなので、好物はいくらでもあるが、行きつけのお店を持つほど成熟していないし、「これ」と決めるほど人生経験を積んでいない。まだまだ修行中で、世界各国のおいしいものをいただいている。

私はこんな人

趣味は？

剣道、自動車、時計など。特に剣道は私の生き方そのものを決めた。

乗っている車は？

車は家族用と自分用で3台所有している。一番気に入っているのが、日本国内に50台もないとされるＢＭＷのＭ６。エンジン出力５０７馬力、最高時速３３０㎞のオープンカーは、何とリッター４㎞も走れないほど燃費が悪い。その分、自宅近隣のガソリンスタンドが懇意にしてくれて、ガソリン代をまけてくれたりする。ＢＭＷの躍動感が好きで、

左／バリ島のイタリアンレストランにて。味覚にウルサイというのではなく、誰とでも楽しく過ごすことが得意。
右／ウブロ『ビッグバン』。他にも趣味性の高い時計をいくつかコレクションしている。

自分もそうなりたいと思っている。

母校に行く時はM6に乗って行く。学生に「歯科医師も一生懸命やれば、こんないい車にも乗れるんだ」と夢を与えるため。

好きな時計は？

パテックフィリップ。手作りなところが歯科医療に似ているから。他には、いくつか趣味性の高いものを持っている（写真はウブロ『ビッグバン』）。

読書は？

あまり一般書は読まず、読むとしても、剣道、武士道関係に著しく偏っている。

剣道はいつから？

中学生の時。高校（山形県立寒河江高校）で、インターハイ優勝者を何人も出してきた女子剣道の指導者として知られる斎藤学先生の指導を受け、本格的に稽古した。特に、上段に構える高校生は当時、県内に私を含めて2人しかおらず、他校からも稽古の申し出を多数受け、稽古量を稼ぐことができたのが幸いだった。

歯科大学の思い出は？

もちろん剣道に打ち込み、5年生の時にはオールデンタルで優勝したこと。しかしその後、歯科医師になってから10年ほどブランクがあった。そんな折、息子に剣道を教えたいとの妻の申し出により、近隣の道場を回っているうち、自分も再開することにした。しかし、10年のブランクは大きい。「デンタルチャンピオンだ！」と慢心していたが、同級生にコテンパンにやられたのだ。

他校も含めた同級生には、その間も稽古を続けていた人がいて、「全

私と剣道［1］

小学生の剣道大会にて選手宣誓を受ける。「少年剣士として強くあれ」というよりも、核家族化によって忘れ去られようとしている礼儀作法を大切にしたいと考えている。

昭和大学歯学部5年生の時、オールデンタルで優勝した時の記念写真（旧姓逸見）。

毎年ゴールデンウィークに行われる、京都・武徳殿での全日本剣道演舞大会にて。錬士以上しか参加資格がない大会で、勝ち負けよりも形の正確さが評価される。

次男を連れて道場を探していたころの写真。10年のブランクは大きく、かつての同級生に全く歯が立たなかった。

蒔絵の胴と、ゴマフアザラシの毛皮で出来た胴。

日本歯科医師剣道連盟」発足の際、試合をしたところ、とんでもなく差が開いてしまっているのを実感。特に東京医科歯科大学卒の岡本徹君、日本大学松戸歯学部卒の福島孝幸君（ともに教士七段）は、今でも私の目標とするところ。

師と仰ぐのは？

現在は、範士八段の真砂威先生に師事している。高校時代の恩師・斎藤先生は、今では患者さんとして山形から年3回ほどお越しいただいている。診療の後は、師弟で痛飲する。

剣道は地域活動にも生きているのか？

東京剣道ライオンズクラブの会長を2期務め、その間に、小学生1000人が参加した大会を主催した。剣道そのものよりも、核家族化の進行で忘れ去られつつある礼儀作法に触れてもらうのが重要だと考えている。

警視庁上野警察署への剣道指導も続いている。開業当時、上野署が行っていた初稽古での地域住民との対抗試合で、私が大将を務めた住民側が勝ってしまったので、署員の顔をつぶしてしまった。その後、対抗試合はなくなったものの、私を指導者に迎えてくれた。

他にも、被留置人の診療を委嘱されるなど、地元の上野署とは深い関わりがある。2014年は、剣道を通した協力により、バラク・オバマアメリカ大統領来日（国賓）警戒に功績があったと表彰された。

私の夢

家族へのメッセージ

妻には、「40代での開業で、それまで専業主婦だった君を歯科医院に貼りつかせ、マネジメントを一手に任せてしまって申し訳ない」。

息子たちには、「早く歯科大学を卒業してくれ（留年するなー）」。

生まれ変わっても歯科医師になりたいと思うか？

歯科は、科学的な根拠を基に機能と審美を手作業で両立する唯一の医療。評価もすぐに出るので、やりがいのある仕事だと思う。この醍醐味を知ってしまったので、また歯科医師を天職として選びたい。

私と剣道［2］

上／院長室にある「剣は生なり」という扁額。潔さに代表される剣道の心を大切に診療している。右／剣道を前面に出した医院の入口。医療法人の名前も「剣正会」。

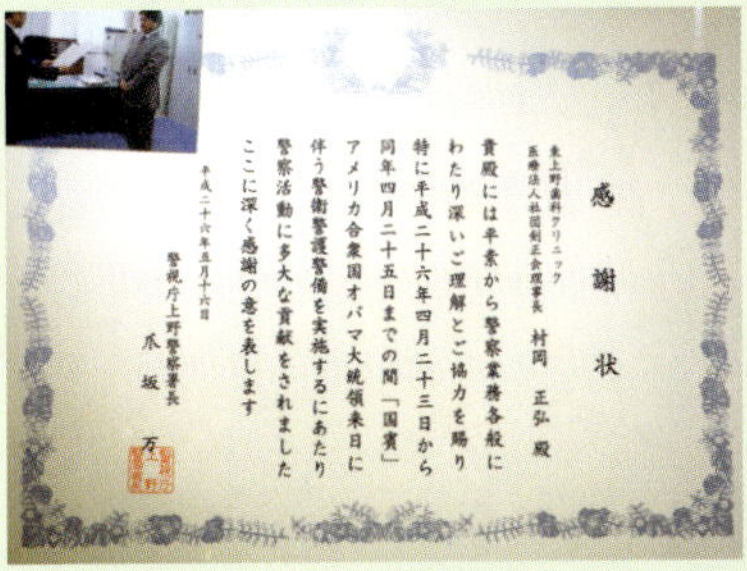

感謝状

東上野歯科クリニック
医療法人社団剣正会理事長　村岡　正弘　殿

貴殿には平素から警察業務各般にわたり深いご理解とご協力を賜り特に平成二十六年四月二十三日から同年四月二十五日までの間「国賓」アメリカ合衆国オバマ大統領来日に伴う警衛警護警備を実施するにあたり警察活動に多大な貢献をされましたここに深く感謝の意を表します

平成二十六年五月十六日

警視庁上野警察署長

警視庁上野署と東上野歯科クリニックは、剣道指導と被留置者への歯科診療で深いつながりがある。

剣道家の専門誌『剣道時代』（2007年3月号）に、口腔ケアと咬み合わせの重要性を説く文章を寄せた。剣道家の多くは酒飲みで、飲んだ夜、歯みがきしないで寝てしまう人が多い（自分もかつてそうだった）。それに対して、「そんなことでは上達しない」と警告した。

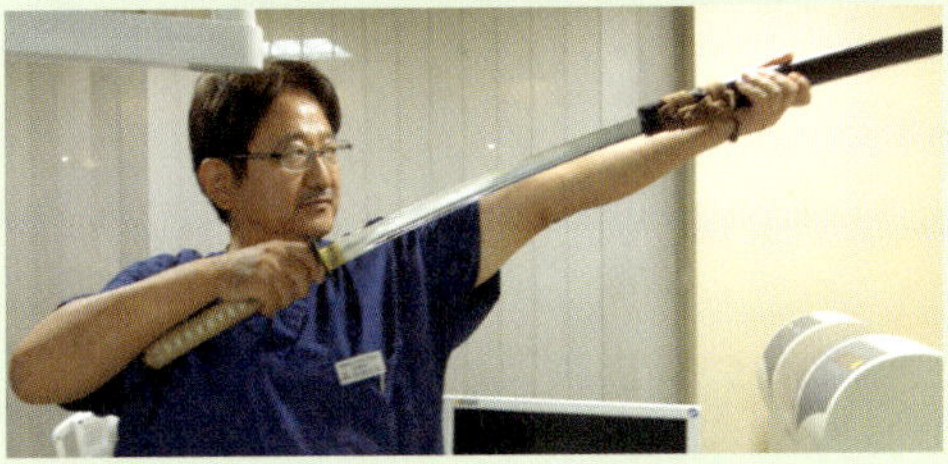

「しのぎを削る」「そりが合わない」「元の鞘に収まる」など、日本刀に関する慣用句は日常的に使われている。写真は、刀を抜くところ。刀身ではなく、鞘の方を抜くのが正しい。

17

守口憲三 先生

Moriguchi Kenzo

守口歯科クリニック 院長
岩手県

■資格、所属
元ICOI日本支部長・デプロメイト、メデントインプラント学会名誉認定医、日本訪問歯科医学会会長・認定医・指導医、日本歯科放射線学会優良医、日本小児歯科学会会員、その他多数。歯学博士、岩手医科大学歯学部臨床教授第1号、文科大臣表彰

■診療スタイル
保険診療一日100人、訪問診療一日20件。自費診療、インプラント、MBP、ジルコニア、金属床、矯正治療

■生年
1947年

■出身地
秋田県。中学校から仙台に転校し下宿生活

■出身大学
岩手医科大学歯学部

同じく歯科医師である息子の和(やすし)と、自宅のトレーニングジムにて。私は日本拳法六段、息子は三段。ガウンとチャンピオンベルトは弟子たちからのプレゼント。

生活スタイル

平均睡眠時間は?

5時間くらい(午前1時就寝、6時前起床)。

好きな時間は?

寝る前の1時間の読書時間と、朝の5時から7時ころまで。誰にも邪魔されない時間だから。

好きな食べ物は?

ラーメン、そば、カレー等、安くてうまいもの。高くてうまいのは当たり前だから。もちろん高価なものも食べるが。

好きなお酒は?

日本酒(冷やでも燗でも)。

私はこんな人

趣味は？

・読書

乱読。活字に飢えている。あらゆる分野のものを読む。最近は宗教書、特に仏教についての本が多い。

・旅行と散歩

国内外。年に十数回は旅行している（講演旅行は含まない）。外国はアジアと北米が多い。宿泊先の周辺を徒歩で歩き回るのが趣味でもある。建物、樹木、草花、風、匂いなどを感じながら。

・スポーツ

武道とゴルフ。日本拳法は六段。ボクシングは県の副会長をやっている。その他、剣道、柔道、空手をたしなむ。ゴルフは三度の飯より好きだったが、この5～6年は多忙のためお休み。オフィシャルで10・4までいった。

好きな洋服、時計、車などは？

服はヒッキー・フリーマン（アメリカ）、靴はバレット（イタリア）、カバンはゴールドファイル（ドイツ）、時計はパテックフィリップ（スイス）、メガネはローデンストック（ドイツ）、車はベンツ（ドイツ）。

これらがなぜ好きかというと、長く使えて結局は安く済むから。

パワースポットは？

八幡神社（亥年生まれの守り神様）、藤森神社（仙台の自宅にある神社で、戦争の神様）。しかし、神仏は頼るべからず。尊ぶべし。

読書は？

毎日1冊のペースで読む。ただし、専門書や雑誌は別。本屋の店員に、これから流行する作家や本を聞かれることも。

最近印象に残った本は以下の通り。

・『忘れる技術』山田霊林、光文社
・『般若心経入門』松原泰道、祥伝社

この両書はそれぞれ200冊以上購入して、人に差し上げている。生きるために最も大切なことが書いてあるため。

座右の銘は？

「暫時不在《ザンジフザイ》、如同死人《シニントオナジゴトシ》」。一瞬でも油断すると死んだ人になる。

「本座《ホンザ》を楽しむ」。置かれた場所、時間を真剣に楽しみながらやる。

尊敬する人は？

最も尊敬しているのは父親。他の方々を挙げると……。

・納富哲雄先生

18年間、補綴の何たるかを教えられた。また外国の歯科医学に目を開

日本訪問歯科協会の海外視察旅行にて。中央はユージン関口先生。

かされた。

・小川隆広先生（UCLA教授）

毎年渡米して、教えを受けている。

・高塚猛さん（ダイエー・シーホークホテル、ダイエー球団社長）

経営について最高のものを教えられた。経営は人であると。

・ユージン関口先生（第140代ADA会長、USC副歯学部長）

今後の歯科医学の方向や、歯科医学の在るべき道を教えられた。

・その他多数の先生方

柳沢融先生、野坂洋一郎先生など。

学びのために実践していることは？

最高のものを見て、実践してそれを若い人に教える。そのためには学びに金銭を惜しまずかけること。

長所と短所は？

分からない。ある人に対する長所は、別の人に対する短所となることもあるから。

仲の良い友人の特徴は？

その道で自分を確立している人。政財界で有名になったからいいとは限らない。その道のために自分を犠牲にすることができるかどうかである。

例えば、鈴木仙一先生はICOI（世界最大のインプラント学会で格付けも高い）のために命をかけている。箱崎守男先生は、日本の歯科界発展のために自分を犠牲にしている。また、中鉢良治産総研理事長（前ソニー社長）は長い友人で、子どものころ、田舎者でも世界を駆け巡るという約束をした。

つらかった思い出は？

今はない。苦しい・つらいは生きていれば必ずつきまとうもの。苦しいのは生きている証である。常に「私に苦労を与えてください」と願っている。そしてそれを乗り越えていきたい。だから、私には仏滅や13日の金曜日はない。毎日が仏滅で13日の金曜日と考えて生きているからである。そうすると、苦しみが苦しみでなくなり、小さな喜びが大きくなる。

今まで成し遂げたことで意義深いと感じていることは?

・訪問歯科

日本で最初に訪問歯科協会や学会を設立し、現在までやってこられたこと。今、私は歯科医師になったのは訪問歯科をやるためだったのだという気持ちでいる。

・インプラント

現在ICOIの日本支部長を引き受けている。インプラントは歯髄も歯根膜もない人工物である。しかし、安全に確実に施術し、しっかりメインテナンスを行えば10年、20年と持たせることができる。

つまり、真実には「事実」と「実感」の2つがあるということだ。「事実」という真実でいうならば、地球は太陽の周りを回っている。しかし、「実感」という真実でいうと、地球の周りを太陽が回っていると考えても、何ら困らない。つまり、インプラントは「実感」の真実ということである。

東北地方にいて何か不便なことは?

ものの見方が全て東京中心(江戸もしくは京都中心)なのが、日本の昔からの考え方である。そのため、私の住んでいる岩手県盛岡は東北地方といわれるが、こちらからすれば東京が南西地方なのである。

東北には東北の伝統ある文化が燦然と輝いていた。しかし、東京中心の考え方だと、辺境の蛮族としか見なされない。それゆえ、前九年の役(1051年)や後三年の役(1083年)が起きたのだと思う。

「役」とは、日本国が外国と戦争を行う時に使用する言葉である。つまり中央政府にしてみれば、東北地方は外国だったのである。元(モンゴル)との戦争も、「弘安の役」「文永の役」と呼ばれている。そして東北地方は中央政府によって3回の制圧を受けている。

①8世紀の坂上田村麻呂による「蝦夷征伐」
②1189年の源頼朝による「奥州征伐」
③1868年の薩摩長州による「戊辰戦争」

高村光太郎の詩にもあるが、東北人は黙々として牛のごとくそれに耐え、受け入れてきたのだ。

2013年、その東京中心の考え方に大きな変化を与えた出来事があった。東北楽天イーグルスがプロ野球日本一に輝き、東北の地に初めて、日本シリーズでの優勝をもたらしたのである。

東北にいて不自由を感じることは何一つない。ここが世界の中心と考えているから。

私の夢

家族やスタッフ、友人・知人へのメッセージ

「ありがとう」「感謝します」と言いたい。しかし私は生きている限り、変わり続けたい。

父親は高校生の私に、「百尺竿頭すべからく、いかに歩を進めんか？」とよく言っていた。高い崖っぷちから30mの竹竿を突き出して、その上を歩いていき、その先から一歩踏み出せということだ。「死んでしまう。借金もあるし家族もスタッフもいる。どうしよう」と悩んだ時に気付いたのが、死んだつもりで変わるということ。実際死んではならないが、死んだ気で自分を変えていくことだと気付いた。だから今後も変わり続けたい。よろしく。

生まれ変わっても歯科医師になりたいと思うか？

なれるものならばなりたい。歯科医学は医学に勝るとも劣らない、ますます広い分野となる重要な学問と確信している。面白いし好きだし、寝ても覚めても歯科のことを考えているのだから。

上／スタッフとともに。
下／沖縄へ社員旅行。

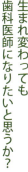

18

安田 登

Yasuda Noboru

先生

歯科医院 キャビネ・ダンテール御茶ノ水 院長
東京都

■資格、所属

第一生命保険日比谷診療所、東京医科歯科大学臨床教授、東京クリニック丸の内オアゾmc歯科医長を経て現職。NPO法人t.o.hあなたの健康21「歯と口の健康を守ろう会」理事長

■診療スタイル

常勤の勤務者は私を含めて5人。その他歯科医師、歯科衛生士、歯科助手が適宜非常勤で勤務。診療内容は定期健診とクリーニングを中心に、う蝕、歯周病にからせないこと、過剰診療を避けることに重点を置いている。また、患者層は以前の勤務先からの患者さんが多く、高齢者が比較的多いのが特徴

■生年

1944年

■出身地

東京都

■出身大学

東京医科歯科大学

生活スタイル

平均睡眠時間は？

10時半～11時には寝て、6時半に起きる。7～8時間は睡眠時間を取らないとバテてしまうため。以前は12時前には寝ないような生活だったが、ここ10年くらいで早寝・早起きのスタイルになった。休みの日も同じ。

好きな時間は？

通勤電車の中で過ごす時間。片道1時間くらいかかるが、大体座れるため、仕事のアイデアなどを考えたりして過ごす。車内では携帯もあまりいじらない。

好きな食べ物・嫌いな食べ物は？

何でも好きだが、あえていえばホヤが苦手。フレンチ、イタリアン、和食、中華とジャンルも問わない。フレンチレストランには、誕生日など、何か特別な日に行くことが多い。

行きつけのお店は？

「ル・ブルギニオン」（六本木）、「シュマン」（赤坂）、「オーグードゥジュール」（麹町）。いずれもフレンチで、五十嵐安雄シェフの弟子の店。五十嵐氏の店「ル・マノアール・ダスティン」には、何十年と通っている。ミシュランの星が付いているわけではないが、彼は本当に天才的なシェフだと思う。

好きなお酒は？

ワイン、日本酒、ビールなどの醸造酒が好き。ワインはブルゴーニュ。ワイン問屋の会員になっており、レストランでは1本1万円くらいするワインが、２５００～３０００円くらいの卸値で買える。

私はこんな人

趣味は？

ギターをつまびきながら歌うこと。学生時代はバンドを組んで、アメリカのモダンフォークソングをコピーしていた。バンド名は「ランブラーズ（さまよう人）」。当時のヒッピームーブメントへの憧れから命

自宅でワインを楽しむ。

名。

先日、後輩や医院のスタッフが古稀祝いのパーティーを開いてくれたのだが、サプライズで私がギターを持って登場し、5曲ほど披露した。スタッフは私の歌を聞くのは初めてだったので、とても驚いたようだ。

服や時計などの好みは？

洋服はミッソーニをよく着ていた。義母がミッソーニが好きで、妻と自分に買ってくれたのがきっかけ。だが、日本でメンズの取り扱いが少なくなってしまったため、今は主にボスを着ている。

服を買うときは妻と一緒に行く。「2人で出かけるときは私の服装に合わせてね」と言われるので、自然と服に気を使うようになった。買い物をする店はほぼ決まっているので、馴染みのブランドからファッションショーの招待状が届いたりする。

時計にはさほど興味はないが、時計を扱うブランドの中では比較的リーズナブルなエルメスを着けている。

眼鏡はローデンストック。水道橋にあった眼鏡の卸問屋で、市価の半値くらいで眼鏡を買っていた。現在そこは一般向けの眼鏡店になっているが、私は昔からのお得意さんなので、卸値で購入させてもらっている。

乗っている車は？

今乗っているのはプジョーのオープンカー。還暦の記念に購入し、外装はシルバー、内装は赤を選んだ。オープンカーは冬は寒いと思われがちだが、サイドウインドーを上げて暖房をつければ暖かい。夏は暑く、春は花粉症に悩まされる。最適な季節は秋だろうか。

実は、オープンカーをオープンの状態で運転しているのはオヤジが多く、一人で乗っているか、助手席も

上／学生時代に組んでいたバンド「ランブラーズ」(右端)。
下／古稀のお祝いでギターと歌を披露。

オヤジだったりする。やはりこのような車に乗るときは、助手席には女性を乗せたいものだ。

好きな旅行先は？

時間があればフランスへ。特に好きなのはプロヴァンスとパリ。

日本なら箱根。「オー・ミラドー」というオーベルジュを定宿にしている。ここは、先に述べた五十嵐シェフの師匠である勝又登シェフの店。やはり、同じ系統の味が好きなようだ。

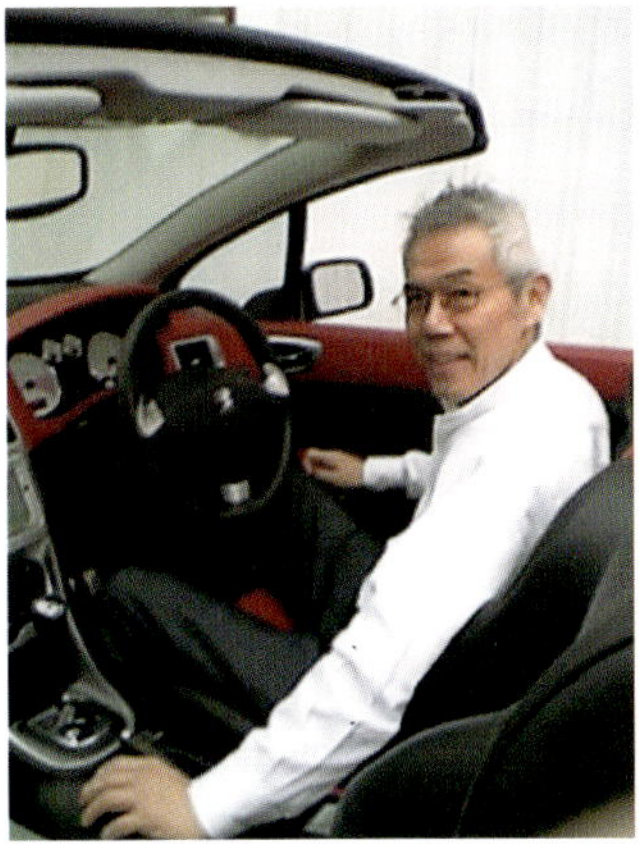

愛車のプジョー 307cc。

読書は？

月に5～6冊。ジャンルを問わず、何でも読む。最近面白かったのは、川口マーン惠美氏の『住んでみたヨーロッパ 9勝1敗で日本の勝ち』（講談社＋α新書）。

特に感銘を受けた本は、なだいなだ氏の『お医者さん 医者と医療の間』（中公新書）。「医者にも限界があることを患者さんに伝えるべき」というなだ氏の意見に同感。自分の限度や範囲を患者さんに伝え、できないことには手をつけないという姿勢が大切だと思う。

座右の銘は？

「過ぎたるは猶及ばざるが如し」。検査・診療・投薬など、医療者は全てにおいてやり過ぎの傾向があるように思う。経営的な理由で患者さんに余計なことをしないようにという、自分への戒めでもある。

尊敬する人は？

中林宣男先生。自分が大学院に入ったときの助教授が中林先生だった。

最初のゼミで、「レジンが水を吸うのはなぜか」というテーマについて、黒板に化学式を書いて説明し、「水を吸わないレジンを作るには、

箱根のオーベルジュ「オー・ミラドー」にて。妻と義母、義弟夫婦と共に。

ここの部分を変えればいい」と、化学式の一部を書き換え、それを基に吸水性のないレジンを作ってしまった。すでに存在する物を化学式で分析するのではなく、化学式から物を作るという合成化学の手法を目の当たりにし、感動した。

また、「論文を英語で書く」「英語で発表する」など、「日本だけでなく、世界に目を向けなければならない」ということを教えてくださった。オリジナリティーを大切にする姿勢とともに、自分にとても影響を与えた人。

学びのために実践していることは?

私はよく執筆の仕事もしているが、書くためには本を読んだり、ネットで調べたりして、勉強しなければならない。文章を書くことが学びの手段になっている。そのために、濫読に近い読書も欠かさない。

長所と短所は?

中庸であることが長所でもあり、短所でもある。極端に走らないのは長所だが、その一方で、世界的な研究をする人のように、一つのことを突き詰めるのには向いていないのではないか。8人兄弟の末っ子なので、その中でうまく生きていく術を身に付けたような気がする。多くの人の上に立つ器でもない。

仲の良い友人の特徴は?

自分と反対で、ハキハキと主張する、とんがっている人が多い。自分と似たタイプの人もいるが、自分にないものを持っている人に惹かれるのかも。自分と違いすぎて嫌いになってしまう人もいるが……。

宝くじで3億円当たったら?

あまり考えたことはないが、あえていえばフランスに長期滞在したい。臨床をリタイアしたら、半年フランス、半年日本といった暮らしができたらいいな。

今まで成し遂げたことで、意義深いと感じていることは?

過去はあまり振り返らない。「まだ何かできるんじゃないか」という気持ちがあるので、今まで達成したことよりも、これからやりたいことの方に目を向けていきたい。

私の夢

家族やスタッフ、友人・知人へのメッセージ

「やりたいことをやらせてくれて、ありがとう」。両親は私のすることに口を出したことはなく、自由にやらせてくれた。今の自分を見守ってくれる家族やスタッフにも感謝した

上／パリの教会で結婚式。
左／日本人留学生館「薩摩館」の地下のホールで行われた結婚パーティー。

安田青年の進学、留学、そして結婚

高校生のころは建築家になりたかった。第一志望の工学系の大学は落ちてしまったが、東京医科歯科大学に合格。浪人するか、医科歯科に進学するかで少し悩んだが、浪人してしまうと、中学生のころから続けてきたフォークバンドの活動が難しくなると思い、進学を決めた。

大学院生のころは大学闘争が盛んで、研究もできずに家でぶらぶらしていた。半年ぶりに大学に行くと、留学生募集のチラシが医局に置いてあった。姉がフランス語の教師で、フランス人と結婚したということもあり、「フランス行こうかな～」と軽い気持ちで決断。留学生試験には少し苦労したが、1971～73年までフランス政府給費留学生としてフランス留学を果たした。

留学2年目、パリで結婚。相手は大学卒業後のアルバイト先だった知人の歯科医院の娘だった。自分がパリに留学することになって、しばらく遠距離恋愛になってしまったが、当時は手紙を書くくらいしかできないので、パリと東京で、お互いせっせと手紙を書いた。そして、手紙でプロポーズ。「一生添い遂げる気なら、同じ経験をした方がいい」という義母のアドバイスで、彼女はフランスにやって来た。私は28歳、妻は20歳だった。

い。

今後の目標や抱負は？

真っ当な治療をした上で、うまく経営も回していけるのが理想の姿。それを日本の歯科界で実現するために、少しでも貢献できたらと思っている。そのために、『アポロニア21』の「安田編集室」などの場でいろいろな情報発信を行っていきたい。

生まれ変わっても歯科医師になりたいと思うか？

歯科医師になってもいいかなとも思うが、やはり若いころに憧れた建築家になってみたい。

『歯科医と患者の架け橋に』（口腔保健協会）。

19

山﨑長郎

Yamazaki Masao

先生

原宿デンタルオフィス 院長
東京都

■資格、所属
東京SJCD最高顧問
SJCDインターナショナル会長

■診療スタイル
「機能回復」だけでなく、「審美性」も重視。部分的な欠損だけでなく総合的に診断し、審美的にも優れ、より長持ちする治療を提供することをコンセプトに、最新の機材を使用して最先端の治療を行っている

■生年
1945年

■出身地
長野県

■出身大学
東京歯科大学

生活スタイル

平均睡眠時間は？

約8時間。11時に寝て、7時に起きる。昔は夜型だったが、ゴルフを始めてから朝型に変わった。

好きな時間は？

診療が終わる午後6時。ホッとして幸せを感じる。

欠かさない日課や習慣は？

毎朝のストレッチ。ゴルフを始めたとき、フィジカルトレーナーに12のストレッチメニューを組んでもらった。続けることで体調が良くなったし、ゴルフの成績も上がった。海外に出かけても欠かさずやっている。

好きな食べ物・嫌いな食べ物は？

揚げ物が好き。最後の晩餐に食べるなら天ぷら。中華料理も好きで、講演で中国に行くときは、1週間中華でも飽きないくらい。向こうの先生が、地元の人だけが知っているうまい店に連れて行ってくれる。

辛いものが苦手なので、韓国料理やタイ料理はあまり好きではない。あまり量をたくさん食べないせいか、学生時代から体重は2kgしか変わっていない。家族にも太っている者はいないので、遺伝かもしれない。最近処分してしまったが、結婚式に着たタキシードもまだ着られた。

行きつけのお店は？

山の上ホテルにある天ぷらのお店「山の上」の東京ミッドタウン店は、自宅から近いのでよく行く。すしも好きなので、青山の「鮨處 かざま」も行きつけ。

好きなお酒は？

もともと下戸だったのだが、50歳から徐々にトレーニングをして少しは飲めるようになった。お酒を嗜むようになったのはここ10年くらいで、ヨーロッパに講演に行くようになってから。ヨーロッパの人は文化のバックグラウンドが厚いので、彼らと歯以外の話ができるようになりたいと思った。

好きなのは白ワイン。ワインバーの「KENZO ESTATE」には、月に一度は行く。

私はこんな人

趣味は？

前述したようにゴルフ。始めたのは57歳。特に趣味もないのは寂しいと思ったのと、健康維持も兼ねて。ほとんど休みがないのでなかなかプ

カリフォルニアのリッツカールトン・ハーフムーンベイにて。

レーする機会がないのだが、海外講演の際にコースを回ることが多い。アメリカのニューポートビーチのコースの会員権も持っている。

ゴルフセットを持って移動するのは大変なので、ビジター用、ホームグラウンド用、海外用の3つのセットを用意し、海外用はアメリカの友人宅に置かせてもらっている。

ゴルフは意外とお金のかからない遊びだと思う。会員権は高いが、今は値が下がっているし、ホームグラウンドでプレーするなら、一日1万円ほどで朝から晩まで楽しめる。

服や時計などの好みは?

スーツは「世界最高峰の既製服」といわれるキートンを愛用している。1着100万円近くするが、この着心地は何物にも換え難い。自分の体格にも合っているようで、ほぼ直す必要はない。

キートンを着るようになったのは10年ほど前から。たまたまキートンの日本社長が患者さんとして来院したため、六本木ヒルズの店に行ってみたところ、一目で気に入ってしまった。ただ、価格を知ってびっくり。年に1着くらいのペースで買い揃えている。

人は年齢や立場にふさわしい身なりをすべきだと思うし、講演などで人前に出る機会も多いので、服装には気を使っている。

時計はダイヤ巻きのパテックフィリップ。普段使いはセイコーの30年前のビンテージ。SJCDのメンバーからいただいたバセロン・コンスタンチンも大切にしている。

乗っている車は?

今は運転はしていない。学生時代から富士スピードウェイのレースに出場していたが、27歳のときに事故を起こして乗らなくなった。私は28歳で開業したが、ケガなどしては仕事ができなくなると思ったので。それまでは、部品を全て外せばレースにも出られるような仕様にした、『フェアレディZ』などの改造車に乗っていた。

好きな旅行先は？

イタリア。イタリアの学会から講演依頼をもらうことが多く、その際はエコノミーをビジネスにアップグレードして、観光を兼ねて1週間くらい滞在する。都市ではヴェニスが好き。

パワースポットは？

自分にパワーがあるから必要ない。ある意味、自分がパワースポット。

読書は？

以前はいろいろ読んでいたが、今は忙しくて学術誌以外は読んでいない。司馬遼太郎が好きで、彼の著作は全て読んだ。

座右の銘は？

「一所懸命」。これは司馬遼太郎の受け売りだが、歯科医療という本業に命をかけるという決意を表している。自分の知識や技術を、患者さんを通してどれだけ具現化できるか追求することは、自分の可能性を試すことにつながる。だから歯科医療は楽しい。

尊敬する人は？

全員亡くなってしまったが、まずレイモンド・キム先生。そして田北敏行先生、寺川國秀先生。

日本歯学センターで初めて触れたアメリカ歯学に衝撃を受け、留学を決意。当時のアメリカ歯学は輝いていた。1970年代に7年間、年に2～3回アメリカに渡り、南カリフォルニア大学でキム先生に教えを受けた。キム先生は韓国系アメリカ人だったので、日本文化と韓国文化の関わりについても考えさせられることが多かった。

寺川先生の歯科医師としての人間性の素晴らしさに影響された。彼が他人の悪口を言ったのを聞いたことがない。

学びのために実践していることは？

本や雑誌は、さっと読んで気になる所に付箋を付ける。時間が空いたとき、付箋を付けた記事を読み、その中で心に残ったページだけコピーし、10回くらい繰り返し読む。こうすると、全て頭に入ってしまう。歯科の研究史なども全部憶えている。それらを基に講演で何度も話をするので、忘れないのだろう。

講演を行う際のポイントは？

原稿やレジュメなどは一切用意していない。これは英語の講演でも同じ。いちいち紙に目を落としていては、聴衆を引き付けることはできない。

また、英語を話すためにみっちり学んだのが発音。文法が多少怪しくても、発音さえきちんとしていれば言いたいことは伝わる。あとは度胸！

長所と短所は？

長所は人に対する許容範囲が広いこと。あまり人のことは気にしないので、嫌いになったりすることもない。敵対関係をつくらないので、つぶされることもなかったのだと思う。

自分が幸せかどうかは他人と比較するものではない。自分だけの小さな幸せを大切にすれば、ストレスを感じることもないものだ。

短所は飽きっぽいところ。何かに熱中しても、あるところまでいくと興味がなくなってしまう。若いころはバスケ、ヨット、スキー、音楽、レースなどいろいろなことをやっていたが、歯科医療の魅力にとり付かれて以来、パタッとやめてしまった。

仲の良い友人の特徴は？

友人はいるが、親友と呼べるような人はいない。自分で考えて自分で決めたいという気持ちが強いので、人に相談事を持ちかけることもない。

宝くじで3億円当たったら？

お金で買えるもので特に欲しいものはない。あえて言うなら時間が欲しい。

子どものころ熱中したことは？

バスケットは子どものころからやっていた。高校ではインターハイに出場し、大学でも６年間続けた。水泳では関東甲信越大会に出場した。

今まで成し遂げたことで意義深いと感じていることは？

開業医としてある程度の成功を収めたこと。ＳＪＣＤを立ち上げ、多くのメンバーが集まったこと。今では同志が１８００人近くにもなる。単体のスタディグループでは、世界最大規模。

これには、同業者を動かすほどの情熱が自分にあったからだと思う。「先生のようになりたい」と、みんな自分の背中を見てついてきてくれた。

私の夢

友人・知人・後輩へのメッセージ

歯科医療は一人ではできない。家族やスタッフに支えられていることを忘れずに、それぞれの場で情熱を持って仕事に当たってほしい。

自分が率先して海外に出て行くことで、ＳＪＣＤの若手が海外で講演する筋道をつけることができた。日本の歯科医師の技術は、十分海外で通用する。

家族へのメッセージ

息子に。歯科医療は一子相伝というわけにはいかない。人から教わることだけが勉強ではない。さまざまなことを経験して、自分のカラーを確立してほしい。

今後の目標や抱負は？

続けられるだけ仕事を続けていたい。75歳になっても精緻な仕事をして、フルマウスの症例を海外の学会で発表したい。It's my dream!

生まれ変わっても歯科医師になりたいと思うか？

あえて違う職業を選ぶなら、新聞記者やホテルの支配人などもいいなと思うが、歯科医療はアートとサイエンスが融合した素晴らしい仕事。歯科医師は天職だと思っている。

2012年10月、リヤド大学歯学部にて講演。

大学から感謝状を授与される。

若林健史 先生

Wakabayashi Kenji

医療法人社団真健会 若林歯科医院 院長
東京都

■資格、所属
日本歯周病学会理事・専門医・指導医
日本臨床歯周病学会副理事長・認定医・指導医

■診療スタイル
1989年から、代官山で一人一人の患者さんにじっくりと時間をかけた自由診療中心の歯科医療を行ってきた。2014年、恵比寿駅の近くに移転開業し、同様のコンセプトで診療を行っている。2階の診療室に4台の診療ユニットを設置し、1階にはX線撮影室、スタッフルーム、セミナールーム等を設けた。スタッフは歯科医師6人、歯科衛生士3人、歯科助手1人、受付1人

■生年
1957年

■出身地
東京都

■出身大学
日本大学松戸歯学部

生活スタイル

平均睡眠時間は？

5時間ほど。1〜2時に寝て、7時に起きる。

好きな時間は？

夜、仕事が全て終わって、家に帰ってほっとした時。

医院の上が自宅なのだが、仕事とプライベートの切り替えをきちんとしたいので、朝は必ずネクタイを締めて出かけ、医院で白衣に着替えるようにしている。昼食も自宅に戻らず、スタッフルームで皆で食べる。家には仕事を持ち込まず、原稿書きなども全て医院で行っている。

欠かさない日課や習慣は？

毎朝必ずシャワーを浴びること。その際、最後に全身に冷水を浴びるようにしている。体が引き締まって風邪も引きにくくなるし、肌にも良い。

そもそも、学生時代はサーフィンをやっていたのだが、社会人になって忙しくなり、できなくなってしまった。38歳の時に再開したいと考え、体を慣らすために始めたのが冷水シャワー。以来、20年以上、毎日欠かさず浴び続けている。

また、週に1〜2回だが、ジムに行って体を動かすようにしている。ただ、昼間から夜にかけては診療や会合などで時間が取れないので、夜中の1時や2時、夏には朝の5時に行くことも。近所に24時間営業のジムがあるので助かっている。

好きな食べ物・嫌いな食べ物は？

好きなのはカレーライスやラーメン。医院の周囲にはおいしいラーメン屋がいろいろあるのでうれしい。お薦めは「AFURI恵比寿」の柚子塩ラーメン、「らーめん山田」の味噌ラーメン。

嫌いな食べ物はこれといってない。あえて言うなら白子かな？

行きつけのお店は？

ゼックス代官山にある「炙り焼き&寿司 アン」。前回何を食べたか憶えていて、「おまかせ」で料理してくれる。お客さんもよく連れていく。

好きなお酒は？

シングルモルトウイスキー。「ボウモア」「ラフロイグ」などをロックで飲む。いずれもスコットランドのアイラ島で作られているウイスキーで、潮風をたっぷり浴びて熟成されることで、ヨードチンキのような独特の香りがする。

飲むときは自宅ではなく、店で飲む。実はお酒は弱いのだが、ジャズを聞きながらバーで飲んだり、雰囲気を楽しむのが好き。

私はこんな人

趣味は？

言ってみれば「歯が趣味」。講演会やスタディグループなどで、若い先生と語り合うのが楽しい。

講演依頼もよく受けるが、その際は「どれくらい笑いが取れるか」ということに心を砕いている。聴衆が眠くなるような講演はしたくない。最初に「もし眠くなったら、思い切って伏せて寝ていいですよ」と言っている。仮に10分寝て聞き逃してしまったことがあっても、そう大したことではない。それよりも、私の講演を聞いて「楽しかったな」という思いを抱いて帰ってもらいたい。

他の先生の講演を聞くときも、「このスライドの作り方はいいな」など、参考にさせてもらっている。そのため、講演準備も楽しい時間の一つ。

襟に付けたブートニエールと、チーフの色をコーディネート。

歯以外の趣味は、前にも述べたサーフィンとゴルフ。若いころは、「サーフィンは冬にやるのがかっこいい」という思いがあったが、今はさすがに夏だけ。ゴルフは「館山カントリークラブ」でプレイすることが多い。

服や時計などの好みは？

こだわりのブランドなどは特にないが、今はブートニエールに凝っている。ブートニエールとは、男性用フォーマルの上着の襟に付いている

社会人になって初めて買った車BMW2002。『別冊宝島』327号（1987年8月発行）に取材記事が掲載された。

穴、またはそこに挿す花のこと。欧米では、結婚式の時に男性は襟に花を挿すが、生花の代わりに挿す花の形をしたピンも、ブートニエールと呼ぶようになったようだ。

知人に時計職人がいるのだが、時計のベルトの余り皮でブートニエールを作ってくれる。ポケットチーフとコーディネートするのが楽しく、今は5つ持っているが、これからもっと集めていきたい。

乗っている車は？

社会人になって初めて買ったのが、BMW2002。初代が1960年代に作られたクラシックカーで、82年に200万円で購入したが、75年の最終型からすでに7年落ちの状態だった。

とても気に入っていたのだが、よく故障するのには参った。1週間に1回はエンジンがかからなくなるのだ。自分の結婚式の翌日、新婚旅行のためにホテルから成田空港に向かおうとしたのだがエンジンがかからず、仕方なく修理屋さんのトラックを借りたこともある。開業を機に手

学生時代に夢中だったサーフィン。左から鈴木真名先生、征矢亘先生、有田博一先生、私、渡辺和彦先生。1979年、新島の海にて。青春！

放してしまったが、かわいい車だった。

現在乗っているのはベンツEクラス。5〜6年ごとに買い換えており、今のは5台目。ベンツは丈夫なので、事故に遭っても自分を守ってくれるという安心感がある。また、小回りが利くので運転しやすく、長時間乗っていても腰が痛くならない。ちょっと高いが、「命をお金で買った」と考えるようにしている。

ハワイに似た空気を感じる館山カントリークラブ。

好きな旅行先は?

海が見える所が好きで、館山によく行く。波があればサーフィン、なければゴルフを楽しむ。景色もいいし、海産物がおいしいのもうれしい。

館山カントリークラブの入口にあるヤシの木を見ると、ハワイに行ったような気持ちになれる。本当はハワイが大好きなのだが、なかなか行けないので……。

読書は?

本の形をしたものは歯科雑誌を読むくらいで、あとはインターネットで必要な記事だけ読むようになってしまった。以前は星新一のショートショートや、遠藤周作などを好んで読んでいた。

印象に残った本は?

柴田翔の『されどわれらが日々』

（文春文庫）。学生運動を扱った小説で、私より一つ上の世代の話なのだが、しっかりした主張を持ち、熱い心を抱いた登場人物の姿に感銘を受けた。

今は全てのことがレールに乗ってすんなり進み、魂がない人ばかりになってしまったような気がする。ハートに火をつけるような教育ができないか、一つのことを突き詰めて行うことの大切さを伝えることができないか、考えさせられた本。

座右の銘は？

「一者相会う、これを偶という」。一生に出会うことができる人は限られている。それだからこそ、「一期一会」の気持ちを持って、出会いを大切にしていきたい。

長所と短所は？

長所はあまり怒らないこと。怒った後に自分が嫌になってしまうので。スタッフにも、自ら気付いてもらうために、きちんと話して伝えるようにしている。

短所は人の頼みを断れないこと。現在、年間50回以上講演を行っており、自分で自分の首を絞めていると思うこともあるが、何がきっかけとなって新しい出会いや経験につながるか分からないので、大切にしたい。実際、『ポリデント』のCMに出演することになったのも、ある講演がきっかけだった。

仲の良い友人の特徴は？

朗らかで明るく、前向きな人。

苦手な人のタイプは？

しょっちゅう怒っている人。

子どものころ熱中したことは？

プラモデル作り。ロボットから始まり、戦車や飛行機などをよく作った。

うれしかった思い出は？

5歳くらいのとき、両親が猫を飼ってくれたこと。朝目が覚めたら、布団の上に子猫がいてびっくりした。私が買い物に出かけると、ニャーニャー鳴きながらついてきた。この猫は大学を卒業するころまで生きて

まるで兄弟のように育った愛猫と。高校生のころ。

いたが、一人っ子の私にとって、まるで兄弟のような存在だった。

つらかった思い出は？

物事をあまり引きずらない性格なので、つらいこともつらいと思わずにやってきた。

今まで成し遂げたことで、意義深いと感じていることは？

2014年、住居を兼ねた医院を建てて移転したこと。それまではテナントだったので、とうとう自分の城を持ったという感慨は大きい。今までコツコツやってきたことの集大成が、この医院だと思っている。

私の夢

家族やスタッフへのメッセージ

院長として、家長としていられるのは、今まで支えてくれた家族やスタッフの存在があってこそ。皆と苦労を共にして今がある。私を信じてついてきてくれたことに対して、感謝の気持ちしかない。ありがとう。

今後の目標や抱負は？

ゆくゆくは、グループプラクティスで診療を行い、自分はコーディネーターとして治療計画を立てたい。患者さんの症例について専門家同士で検討を重ね、より良い歯科医療を提供することができたら素晴らしい。

そのために、アカデミーを作って優秀な人材を発掘し、育てていきたいと考えている。2014年に医院を移転した際、院内にセミナールームを設けたが、それもいずれ手狭になりそうなので、大きなセミナールームを備えた学校のようなものを

医院外観。

作るのが夢。最終的には治療ではなくメインテナンス患者だけを診ていきたいと考えているので、そのためには歯科衛生士の育成が急務だと思っている。

全ての人を健康にすることはできないが、自分と縁のあった人だけでもきちんと面倒を見て、健康にしてあげたい。

生まれ変わっても歯科医師になりたいと思うか？

やりたいことを全て成し遂げることはできないだろうと思うので、もう一度歯科医師になって、その続きをやり遂げたい。また、未来の新しい歯科医療を見てみたい。

歯科医師の叔父から学んだこと

右端が叔父の若林勝夫。中央は大学の先輩の伊藤雄介先生。1985年ごろ、勉強会後の懇親会にて。

私の父は小学校の先生だったが、叔父は練馬で歯科医院を開業していた。当時は歯科医院がとてももうかった時代。9つもゴルフ場を持ち、ムスタングを乗り回す叔父の姿を、小学生の私は「いいな～」と思いながら眺めていた。

小学校4年のとき、歯がとても痛くなり、3日間布団にもぐって泣いていたことがある。近所の歯科医院で治療を受けたところ、痛みがウソのように取れ、「歯医者ってすごいな」と思ったのが、歯科医師を目指すようになったきっかけだった。叔父に相談して歯学部に進学し、卒業後は勤務医として叔父の医院で7年間働いた。

叔父はもともと保険診療をしていたが、自費でないとしっかりとした歯周治療はできないとの思いから、完全自費に移行していた。今から40年前の話だが、当時はこんな歯科医院はほとんどなかっただろう。

昔はあんなに遊び回っていた叔父が、ゴルフ場を次々と手放し、真面目に勉強していることに驚いた。自費診療だけでは患者さんはなかなか来ない。しかし、良い治療を行うためには妥協してはならないと、やせ我慢を続けていたのだろう。

一見遠い道のりに見えたとしても、自分の信じる治療を地道に続けていれば、いつか経済的な見返りもついてくると思う。このような叔父の姿から、患者さんへの思いやりと、しっかりした歯科医療を行うことの大切さを教えてもらった。

歯科界の旗手20人　あの先生のライフスタイル①

2015年11月8日　初版発行

■編　集　日本歯科新聞社

■発行者　水野純治

■発行所　株式会社 日本歯科新聞社

〒101-0061　東京都千代田区三崎町 2-15-2

Tel 03(3234)2475 ／ Fax 03(3234)2477

http://www.dentalnews.co.jp

■印　刷　株式会社 平河工業社

ISBN978-4-931550-40-7 C3034 ¥3200E